四部要籍選刊

蔣鵬翔 主編

阮刻禮記注疏

一

（清）阮元 校刻

浙江大學出版社

傳古樓據上海圖書館館藏清嘉慶刻本影印原書版框高一七二毫米寬一一三毫米

阮刻禮記注疏出版説明

嶽麓書院　蔣鵬翔

《附釋音禮記注疏》六十三卷，漢鄭玄注，唐陸德明音義，孔穎達（領銜）疏，清嘉慶二十年江西南昌府學刻本，屬阮刻《十三經注疏》之一。〔一〕

一

《漢書·儒林傳》云：『及至秦始皇兼天下，燔《詩》《書》，殺術士，六學從此缺矣……漢興，魯高堂生傳《士禮》十七篇，而魯徐生善爲頌……而瑕丘蕭奮以禮至淮陽太守。諸言禮爲頌者由徐氏。〔二〕孟卿，東海人也。事蕭奮，以授后倉、魯閭丘卿。倉説禮數萬言，號曰《后氏曲臺記》，授沛聞人通漢子方、梁戴德延君、戴聖次君、沛慶普孝公。孝公爲東平太傅。德號大戴，爲信都太傅。聖號小戴，以博士論石渠，至九江太守。由是《禮》有大戴、小戴、慶氏之學。』〔三〕

《漢書·藝文志》云：『漢興，魯高堂生傳《士禮》十七篇。訖孝宣世，后倉最明，戴德、戴聖、慶普皆其弟子，三家立於學官。』〔四〕

《隋書·經籍志》云：『漢初，河間獻王又得仲尼弟子及後學者所記一百三十一篇獻之，時亦無傳之者。至劉向考校經籍，檢得一百三十篇，向因第而敘之。而又得《明堂陰陽記》三十三篇、《孔子三朝記》七篇、《王史氏記》二十一篇、《樂記》二十三篇，凡五種，合二百十四篇。戴德刪其煩重，合而記之，爲八十五篇，謂之《大戴記》。而戴聖又刪大戴之書，爲四十六篇，謂之《小戴記》。漢末馬融遂傳小戴之學。融又定《月令》一篇、《明堂位》一篇、《樂記》一篇，合四十九篇，而鄭玄受業於融，又爲之注。』〔五〕

《禮記正義》云：『其《周禮》《儀禮》，是《禮記》之書，自漢以後，各有傳授。鄭君《六藝論》云：「今禮行於世者，戴德、戴聖之學也」。又云「戴德傳《記》八十五篇」，則《大戴禮》是也。「戴聖傳《禮》四十九篇」，則此《禮記》是也。』〔六〕

關於《禮記》的來歷，一直聚訟紛紜，我們讀洪業先生的《禮記引得序》〔七〕，便可知此問題的疑竇之多、爭論之劇，但無論學者持何種態度，都不得不承認上述幾段引文，是討論《禮記》由來的最重要的基礎文獻，那麽在尚無定論的今天，保留傳統的觀點，認爲禮學之興，始於西漢高堂生傳授的十七篇《士禮》（即《儀禮》），然後數傳至后倉，后倉傳戴聖，戴聖又纂輯當時所見的論説禮學的文獻而成《小戴記》，東漢時鄭玄注之，遂成今日之《禮記》，應該是較爲穩妥的。

關於《禮記》的性質，也是見仁見智，我們認爲在這一問題上，呂思勉先生的觀點比較通達可取。

今之《禮記》，究爲何種書籍，習熟焉則不察，細思即極可疑。孔子删定之籍，稱之曰經，後學釋經之書，謂之爲傳，此乃儒家通稱。其自著書而不關於經者，則可入諸儒家諸子，從未聞有稱爲記者……《記》蓋社會故有之書，既非孔子所修之經，亦非弟子釋經之傳也。此項古籍，在孔門傳經，固非必備，而亦足爲參考之資……然則所謂《禮記》者，其初蓋禮家裒集經傳以外之書之稱，其後則凡諸經之傳，及儒家諸子，爲禮家所采者，亦遂概以附之，而舉蒙『記』之名矣。［八］

《禮記》所言，多切近日常，文辭優美，意藴生動，既不似《儀禮》之精密繁冗，又非《周禮》

廣大嚴肅之倫，故在三禮之中，最爲人所樂道。王文錦先生稱：『幾千年來，對中華民族意識形態影響最大的書是儒家的書。從所起作用的大小來估計，《禮記》僅次於《論語》，比肩於《孟子》，而遠遠超過《荀子》。』[九]這一評價是很得體的。

二

既知《禮記》之重要，亦應知其書之難讀。

《禮記》者，漢儒爲《儀禮》之書，好古者務徵采，多存古義，綱羅放失，不爲區別，或不盡合乎《儀禮》之經，其文奥而儀繁與《儀禮》若，而名物制度之瑣碎紛若而不一致，其難窮則已過之。至其摭拾綴緝，既非一本，文異而義乖者，百慮殊塗，錯出間見，雖有鄭、孔之學之精，而徇文以汩經，執矛以攻盾者往往不免。後人發明之者，視《儀禮》尤少，蓋舍經以治記，塞本源，亂家法，則《禮記》之難讀甚於《儀禮》遠矣。[十]

我們要讀懂《禮記》，首先要倚仗的即漢之鄭玄注，唐之陸德明音義、孔穎達疏。關於此三者的價值，黄侃先生曾做過精闢的評價。

鄭玄注：

《禮記》雖有馬融、盧植（注），今皆不傳。《禮記》釋文及疏云：鄭亦並依盧、馬之本而爲注，然後之言小戴者，皆傳鄭氏。鄭又考正禮圖，存古遺制，是三禮之學，萃于北海。故《大戴記》，鄭所未注，則若存若亡，八十五篇遂殘其半矣。由晉及唐，諸經所主，或有不同，至於《詩》共宗毛，《禮》同遵鄭，即王肅、李譔之倫，有心異鄭，學終未昌，此必有由來矣。

此可知鄭君之雅達廣攬，博綜衆長矣。雖良玉有瑕，終爲良玉。後人或攻瘢索痏，抑補闕拾遺，終不硋其爲絕學也。若夫質于辭訓，通人頗譏其繁，然觀《鄭志》答張逸云：文義自解，故不言之，凡說不解者耳，衆篇皆然。是知注文本簡，有時不得不繁，豈秦近君說《堯典》篇目二字，至十餘萬言之比哉。

陸德明音義：

陸氏《釋文》成于陳世，所載異本、異讀略備，六朝故誼賴此見其梗概，與後來顔師古定本、孔賈二疏、開成石經多有不同。讀三禮者，先辨音義，則此書其管籥也。

孔穎達疏：

自晉、宋逮于周、隋，傳禮業者，江左尤盛，其爲義疏者，南人賀循、賀瑒、庾蔚之、崔靈恩、沈重、范宣等，皇氏（皇侃《禮記義疏》）特其一耳。北人有徐遵明、李業興、李寶鼎、侯聰、熊安生等。唐初，孔穎達等奉敕修《正義》，時行世者，惟皇、熊二家，故據皇爲本而補之以熊。孔疏雖依傍皇疏，然亦時用彈正，采摭舊文，詞富理博，説禮之家，鑽研莫盡。故清世諸經悉有新疏，獨《禮記》闕如者，亦以襄駕其上之難也。[十一]

簡單地説，《禮記》待鄭玄注後才得到普遍的關注，使其在指不勝屈的同類著作[十二]中佔據最核心的位置，甚至超過了本爲正經的《儀禮》，孔疏則不僅集前朝義疏之大成，且壓倒後世學者，即使到了樸學極盛的清代，也再未出現差可雁行的新疏[十三]，這在經學史上都是空前絶後的成就，也是所有研習《禮記》的學者必須精讀鄭注孔疏的原因。

三

南宋紹熙三年，兩浙東路茶鹽司刻《禮記正義》七十卷，半葉八行，世稱八行本，是爲《禮記》經注疏合刻之始，但未附音義，故後來福建地區又出現了一種在經文各句後附上陸德明音義的新版本，名爲《附釋音禮記注疏》，半葉十行，世稱十行本。之後《禮記注疏》的元翻刻十行本、明正德補刻十行本、明嘉靖李元陽刻本、明萬曆北京國子監刻本、明末汲古閣刻本皆源於此宋刻十行本。[十四]

清嘉慶二十年，南昌府學以江西巡撫阮元家藏十行本爲底本，重刻《禮記注疏》，當時號稱『重刊宋本』，然據學界研究，該十行本與阮刻《十三經注疏》的其他底本一樣，仍是元代翻刻本，並非宋槧原書。校勘能夠利用何種版本，受到客觀條件的限制，今人可見者，古人未必可見，如《毛詩》的宋刻十行本，孤懸海外，少人知曉，則嘉慶時重刊《毛詩注疏》，只能用元代翻刻本做底本，當然無可厚非。近來，學界卻有藉以輕詆古人者，如筆者嘗見一文，歷數阮刻《禮記注疏》校勘時引用衛湜《禮記集說》的種種過失，而歸咎於其僅據清通志堂刻本立論，未能參考年代更早、文本更佳的宋刻郡齋本，并直斥爲『根本性的錯誤』，如此刻舟求劍的邏輯真是讓人深感無奈，也希望研讀古典文獻的同仁們能夠遠離這種奇怪的優越感。

但阮刻《禮記注疏》在版本校勘方面確實留有遺憾。其《校勘記序》云：『《禮記》七十卷之本，出於吳中吳泰來家，乾隆間惠棟用以校汲古閣本……今《記》中所云惠棟校宋本者是也。其真本今藏曲阜孔氏。近年有巧僞之書賈取六十三卷舊刻添注涂改，綴以惠棟跋語，鬻於人，鏤板京師者，乃贋本耳。』這裡所說的『贋本』，即清乾隆六十年和珅影刻十行本《附釋音禮記注疏》。

和珅本序文後有牌記曰『建安劉叔剛宅鋟梓』，與日本足利學校遺跡圖書館藏宋刻十行本《附釋音毛詩注疏》《附釋音春秋左傳注疏》同出一手（《毛詩》有『劉氏文府』『叔剛』的牌記，《左傳》有『建安劉叔剛父鋟梓』的牌記）。核其字體、行款及版式特點，亦與宋刻《毛詩》《左傳》若合符節，可知其影刻的底本當係真正的宋刻十行本，非阮刻依據的元代翻刻本可比。如阮刻卷一第二葉前半葉第一行『封禪云』，北京市文物局藏元刻明修十行本同，而和珅本與中國國家圖書館藏宋刻八行本皆作『封禪書』；阮刻同葉後半葉第九行『郁郁乎文故』，元刻明修十行本、和珅本、八行本皆作『郁郁乎文哉』[十五]；阮刻同卷第四葉前半葉第三行『下家之儒』，元刻明修十行本同，而和珅本與八行本皆作『五家之儒』。從上述例子可以看出，與元代翻刻本相比，和珅本不僅更忠實地保留了宋刻十行本的面貌，在文本上也較接近於注疏合刻的祖本——八行本。如果能夠在校勘過程中認真利用和珅影刻本，而不是因其『贋本』之名即棄如敝屣，阮刻《禮記注疏》的文本質量應該是可以更上層樓的。尤其考慮到這是當時校勘者與真正的宋刻十行本正經注疏最接近的一次機會[十六]，最終卻惑於耳食，輕易錯過，實在令人感到格外的惋惜。

四

材料方面的缺憾並不能抹殺全書的成績。自問世迄今，阮刻《禮記注疏》始終是業界的通行版本，在相當長的一段時間內，甚至是大眾唯一能夠利用的本子。這種情況直到近年才逐漸發生變化：一方面得益于數據傳播手段的進步，普通讀者也可以方便地看到《禮記注疏》各種早期版本的影印本或數字化書影；另一方面隨著古文獻研究力量的增強，不僅批評阮刻缺點的論文在不斷增加，風格各異的《禮記注疏》標點整理本也在陸續出版。於是有讀者可能提出質疑：如果要看古本面貌，現在已經有了宋刻八行本和元刻明修十行本的影印本，讀書以溯源爲上，讀這些書豈不是比讀阮刻更合乎規矩？如果是想看較爲清晰可靠的經書文本，他社也已刊行基於宋本、影刻宋本整理的標點本，自應比阮刻更便閱讀。那麼今天繼續影印阮刻的意義何在？答案很簡單，對前一類讀者來說，宋刻未必是，清刻未必非，文獻學的世界里不存在絕對正確的客體，即使是宋刻八行本或單疏本，也不能取代阮刻；後一類讀者則應該認識到阮刻在廣義上同樣屬於整理本的範疇，儘管受到時代條件的限制，校勘版本或有缺憾，但其總結了歷代刊印注疏的經驗，匯集了清人校理甲部的心得，同時主事者又兼具虔誠的心態與深厚的學養，故最終造就的阮刻《禮記注疏》確實是一部整理得非常嚴謹精緻的經書，即使取與被譽爲『當今最佳整理本』[十七]的呂友仁先生點校本[十八]相比，也並無愧色。下面各舉幾個例子。

宋本誤而阮刻不誤者：

（一）阮刻卷一第十三葉前半葉，經云『則志不懾』，注云『懾，猶怯惑』，疏云『注「懾，猶怯惑」……』。宋刻八行本疏文之『懾』訛爲『攝』。

（二）阮刻卷一第十八葉前半葉，經云『冬溫而夏凊』，宋刻八行本不附音義，宋元遞修本《經典釋文》此條云『凊，七性反，字從冫，水冷也。本或水旁作，非也』。其中有兩處問題，首先『字從冫，水冷也』應作『字從冫，冰冷也』，其次『本或水旁作』應作『本或作水旁』。清通志堂刻《經典釋文》已將『水冷』改爲『冰冷』，而仍存『本或水旁作』之誤，阮刻此句釋文則兩處皆已改正。

（三）阮刻卷二第二十葉後半葉，疏云『不得用酳故鄭注彼云設而不舉』，宋刻八行本脱『鄭』字，又『云』訛爲『去』。

（四）阮刻卷三第四葉前半葉，經云『生與來日，死與往日』，注云『與，或爲予』，疏云『言與或爲予者，謂諸本禮記有作予字者，故云與或爲予』，宋刻八行本疏文訛爲『言與或爲子者』。

呂友仁本整理不及阮刻用心者：

（一）阮刻卷一第八葉後半葉，注云『晉士匄帥師侵齊』，音義云『丐，本亦作匄，音蓋』。呂友仁本係拼合影刻宋八行本之經注疏與宋元遞修本《經典釋文》之音義而成，此句注文、音義與阮刻同。但顯然陸德明所見之本作『丐』，與注文所據之本作『匄』不合，故阮刻出校記云『晉士匄，閩、監、毛本同，岳本同，嘉靖本同。釋文出士丐，云本亦作匄，正義本亦作匄，是也，丐别爲一字。』呂本此處無校記。

（二）阮刻卷一第二十二葉前半葉，經云『食饗不爲槩』，注云『槩，量也』，音義云『槩，古愛反，量也』。此處注文與音義重複，既然合爲一書，自應删去一處『量也』。阮刻即删去音義之『量也』，呂本未删。

（三）阮刻卷二第七葉前半葉，注云『《弟子職》曰：執箕膺擖，厥中有帚』，音義云『膺，於陵反。葉，如字，箕舌。』按注文之『擖』即音義之『葉』，二字不相應，故阮刻出校云『執箕膺擖，閩、監、毛本同，岳本同，嘉靖本同，衛氏《集説》同。《釋文》擖作葉，《考文》引古本亦作葉，山井鼎云古本作葉，《管子》作擖，而今此注作擖者，蓋涉《少儀》篇誤耳，當以古本及《釋文》爲證也。案山井鼎説非也，《正義》本自作擖，故疏中皆作擖字。○按段玉裁云，凡柶之盛物箕之底皆謂之葉，或作楪，譌作揲，葉亦謂之𣜸，《少儀》作擖，乃𣜸之誤，古音巤聲葛聲相近，故從巤字，或多作葛也。』呂本此處無校記。

或有人提出，整理古文獻，以忠實底本面貌爲上，但呂本並不是完全不改正文，如其第三十一頁，經云『三賜不及車馬』，注云『三賜，三命也。凡仕者，一命而受爵，再命而受衣服，三命而受車馬』，疏云『注三賜至於君。云三賜三命者，受命即受賜』。此句疏文宋刻八行本原作『云三賜不及者』，呂本出校曰『云三賜三命者，三命原作不及，據考文引宋板改，必如宋板方與注合』。則其當出校記而未出，當改正文字而未改者，十之七八確係呂本整理的疏失，自不必曲爲之説，爲賢者諱了。

五

無論是重刊還是排印，其實質都是對底本原貌的破壞（當然，排印本破壞得更爲徹底）。從另一個角度來説，底本原貌的破壞也意味着校刊者在一定程度上脱離了原書形式的桎梏，可以相對自由地改正内容，使其文本質量在底本的基礎上進一步提高。重刊過程中固然不免出現新的錯誤，阮刻《禮記注疏》亦是如此，但如果因爲擔心出錯，就不敢或不願表達自己的異見，則舊籍重刊的意義何在，恐怕主事者也難以自圓其説，『大抵刻書妄改者陋，不改而藏拙者亦陋也』[十九]。

我們此次影印阮刻《禮記注疏》的底本得自上海圖書館，其與中華書局二〇〇九年影印的阮刻本雖同屬清嘉慶刻本，文字卻多有變化。如卷十三第八葉後半葉第一行，中華本作『制，七智反』，上圖本作『刺，七智反』；卷十四校勘記第十葉後半葉第一行，中華本作『故耕月亥』，上圖本作『故耕用亥』；卷二十二第十一葉前半葉第一行，中華本作『生之效也』，上圖本作『性之效也』；卷二十五第四葉前半葉第一行，中華本作『三獻也』，上圖本作『二獻也』；

卷二十九第十四葉前半葉第一行，中華本作『在鄉之旁』，上圖本作『其鄉之旁』；卷三十九第二十一葉前半葉第一行，中華本作『比毗惑反』，上圖本作『比毗志反』；卷四十一第二十葉後半葉第一行，中華本作『■三十年』，上圖本作『昭三十年』；卷四十五第二十二葉前半葉第一行，中華本作『三畫爲黻三畫爲雲』，上圖本作『二畫爲黻二畫爲雲』；卷五十八第八葉前半葉第一行，中華本作『非爲餘祍悉當旁也』，上圖本作『非爲餘衽悉當旁也』；卷六十第十三葉後半葉第一行，中華本作『真知』，上圖本作『莫知』；卷六十三校勘記第二葉後半葉第一行，中華本作『言此禮可貴與玉相似』，閩、監本作「此」，毛本作「其」，此本空闕，上圖本作『以圭璋聘節』。核其文字，皆以上圖本爲優。總而言之，重刊本出現錯誤無可厚非，這是在校正底本文本的過程中必須付出的代價，只要重刊本的文本質量整體上有所提升，包含有價值的新解，這種代價就是值得的，至於重刊本中所發現的問題，完全可以在後續的出版工作中加以改正。這也印證了筆者在《阮刻春秋左傳注疏》出版說明中提出的觀點：清嘉慶阮刻《十三經注疏》內部同樣存在初印本與校定本之分。此次影印的上圖藏本屬於校定本的範疇，對於有志研習經典的讀者來說，這個影印本無疑是值得鄭重考慮的選擇之一。

筆者能有機會從事禮學研究，首先應感謝嶽麓書院陳戍國教授的關心與指導。陳志俊兄爲本書的出版提供了堅實有力的支持，溫華莉女史處理書影的技藝日益精進，張鴿老師與解旬靈老師則不辭辛勞，反復核對全書內容，力求使每一個細節都盡可能臻於完善。爲了讓本書能夠以較爲理想的形制展現在讀者面前，各位同仁都付出了極大的努力。如果《四部要籍選刊》能夠爲中國古典學術研究的進步貢獻一份自己的力量，那將是對我們最好的褒勉。

經學是中國傳統文化的核心，三禮又於羣經之中獨能兼具廣大精微之妙，故雖有四難治之說[二十]，而歷代高明之士，殫精竭慮於斯，前赴後繼，未嘗稍懈，歡迎從本書起步，進入條理嚴密、思辨淵深的禮學世界。

是爲序。

注

［一］本文爲湖南省哲學社會科學基金立項資助項目『古籍影印出版的技術探討與前景展望』（項目編號：12YBA007）研究成果。

［二］『爲頌』，《史記·儒林列傳》皆作『爲容』。

［三］《漢書》第三五九二至三六一五頁，中華書局一九六二年版。

［四］《漢書》第一七一〇頁。

［五］《隋書》第九二五至九二六頁，中華書局一九七三年版。

［六］本書第三一至三二頁。

［七］洪業《禮記引得序》，《洪業論學集》，中華書局一九八一年版。

［八］吕思勉《經子解題》第四六至四七頁，華東師範大學出版社一九九五年版。

［九］王文錦《禮記譯解前言》，《禮記譯解》，中華書局二〇〇一年版。

［十］任銘善《禮記目録後案序》，《禮記目録後案》，齊魯書社一九八二年版。

［十一］黄侃《禮學略説》，《黄侃國學文集》第三四四至三四六頁，中華書局二〇〇六年版。

［十二］《禮記引得序》云：「兩漢學者所傳習之《禮》，經有三而記無算。」

［十三］清代亦有學者作過重疏《禮記》的努力，如上海圖書館所藏劉寶楠《禮記注疏長編》稿本即其一也，然《長編》所敘諸條，殊爲簡陋，遠遜於孔疏之精審，蓋未成書之草稿，不足爲憑。

［十四］參見張麗娟《宋代經書注疏刊刻研究》第六章，北京大學出版社二〇一三年版。

［十五］北京市文物局藏元刻明修本「哉」字中有漫漶，容易誤認爲「故」字，恐阮元當時所見元刻本亦如此，所以重刊時「哉」譌爲「故」。和珅本「哉」字清晰完整，當時如參校和珅本，或可避免此誤。

［十六］宋刻十行本正經注疏存世極罕，今日所知僅《毛詩》《左傳》《穀梁傳》三種，前二者藏於東瀛，後者藏於內府，皆非常人所得見。《禮記》宋刻十行本已佚，和珅影刻本更成了了解宋刻面貌及內容的唯一途徑。

［十七］王鍔《三種禮記正義整理本平議》語，《中華文史論叢》二〇〇九年第四期。

［十八］呂友仁整理《禮記正義》，上海古籍出版社二〇〇八年版。

［十九］楊守敬語，見稻畑耕一郎等《楊守敬致吳重熹信札中的校勘學思想》，《藝衡》第四輯，國家圖書館出版社二〇一〇年版。

［二十］黃侃《禮學略說》云：「禮學所以難治，其故可約說也。一曰古書殘缺，一曰古制茫昧，一曰古文簡奧，一曰異說紛紜。」

禮記注疏目錄

一

二

三

四

九

十四

本册目録（一）

欽定四庫全書總目禮記正義六十三卷

漢鄭元注唐孔穎達疏隋書經籍志曰漢初河間獻王得仲尼弟子及後學者所記一百三十一篇獻之時無傳之者至劉向考校經籍檢得一百三十篇第而敘之又得明堂陰陽記三十三篇孔子三朝記七篇王史氏記二十一篇樂記二十三篇凡五種合二百十四篇戴德刪其煩重合而記之爲八十五篇謂之大戴記而戴聖又刪大戴之書爲四十六篇謂之小戴記漢末馬融遂傳小戴之學

融又益月令一篇明堂位一篇樂記一篇合
四十九篇云云其說不知所本今考後漢書
橋元傳云七世祖仁著禮記章句四十九篇
號曰橋君學仁卽班固所謂小戴授梁人橋
季卿者成帝時嘗官大鴻臚其時已稱四十
九篇無四十六篇之說又孔疏稱別錄禮記
四十九篇樂記第十九四十九篇之首疏皆
引鄭目錄鄭目錄之末必云此於劉向別錄
屬某門月令目錄云此於別錄屬明堂陰陽
記明堂位目錄云此於別錄屬明堂陰陽記

樂記目録云此於別録屬樂記蓋十一篇今爲一篇則三篇皆劉向別録所有安得以爲馬融所增疏又引元六藝論曰戴德傳記八十五篇則大戴禮是也戴聖傳禮四十九篇則此禮記是也元爲馬融弟子使三篇果融所增元不容不知豈有以四十九篇屬於戴聖之理況融所傳者乃周禮若小戴之學一授橋仁一授楊榮後傳其學者有劉祐高誘鄭元盧植融絶不預其授受又何從而增三篇乎知今四十九篇實戴聖之原書隋志誤

也元延祐中行科舉法定禮記用鄭元注故元儒說禮率有根據自明永樂中敕修禮記大全始廢鄭注改用陳澔集說禮學遂荒然研思古義之事好之者終不絕也爲之疏義者唐初尚存皇侃熊安生二家（案明北監本以皇侃爲皇甫侃以熊安生爲熊安二人姓名並誤足徵校刊之疎謹附訂於此）貞觀中敕孔穎達等修正義乃以皇氏爲本以熊氏補所未備穎達序稱熊則違背本經多引外義猶之楚而北行馬雖疾而去愈遠又欲釋經文惟聚難義猶治絲而棼之手雖繁而絲益

亂也皇氏雖章句詳正微稍繁廣又既遵鄭
氏乃時乖鄭義此是木落不歸其本狐死不
首其邱此皆二家之弊未爲得也故其書務
伸鄭注未免有附會之處然採摭舊文詞富
理博說禮之家鑽研莫盡譬諸依山鑄銅煮
海爲鹽卽衞湜之書尚不能窺其涯涘陳澔
之流益如莛與楹矣

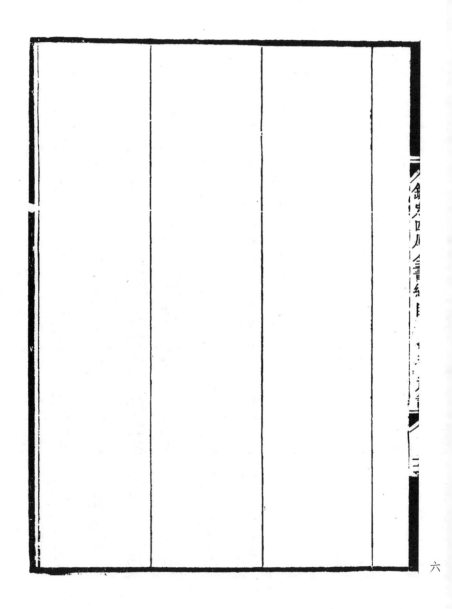

重栞宋本禮記注疏附挍勘記

嘉慶二十年江西南昌府學開雕

太子少保江西巡撫兼提督揚州阮元審定　武寧縣貢生盧宣旬校

禮記正義序

國子祭酒上護軍曲阜縣開國子臣孔穎達等奉
勑撰

夫禮者經天緯地本之則大一之初原始要終體之乃人情之欲夫人上資六氣下乘四序賦清濁以醇醨感陰陽而遷變故曰人生而靜天之性也感物而動性之欲也喜怒哀樂之志於是乎生動靜愛惡之心於是乎在精粹者雖復

凝然不動浮躁。者實亦無所不爲是以古先聖王鑒其若此欲保之以正直納之於德義猶襄陵之浸修隄防以制之覂（方用切）駕之馬設銜策以驅之故乃上法圓象下參方載道之以德齊之以禮然飛走之倫皆有懷於嗜慾則鴻荒之世非無心於性情燔黍則大享之濫觴土鼓乃雲門之拳石冠冕飾於軒初玉帛朝於虞始夏商革命損益可知文武重光典章斯備洎乎姬旦負扆臨朝述曲禮以節威儀制周禮而經邦國禮者體也履也郁郁乎文哉三百三千於斯爲盛綱紀萬事彫琢六情非彼日月照大明於寰宇類此松筠負貞心於霜雪順之則宗祏固社稷寧君臣序朝廷正逆之則紀綱廢政教煩陰陽錯於上人神怨於下故曰人之所生禮爲大也非禮無以事天地之神辯君臣長幼之位

是禮之時義大矣哉曁周昭王南征之後彝倫漸壞彗星東出之際憲章遂泯夫子雖定禮正樂頹綱暫理而國異家殊異端並作畫蛇之說文擅於縱横非馬之談辨離於堅白曁乎道喪兩楹義乖四術上自游夏之初下終秦漢之際其間岐塗詭說雖紛然競起而餘風曩烈亦時或獨存於是博物通人知今温古考前代之憲章參當時之得失俱以

所見各記舊聞錯總鳩聚以類相附禮記之目於是乎在去聖逾遠異端漸扇故大小二戴共氏而分門王鄭兩家同經而異注爰從晉宋逮于周隋其傳禮業者江左尤盛其爲義疏者南人有賀循賀瑒庾蔚崔靈恩沈重宣皇甫偘等北人有徐道明李業興李寶鼎侯聰熊安等其見於世者唯皇熊二家而已熊則違背本經多引外義猶之楚而北行

馬雖疾而去逾遠矣又欲釋經文唯聚
難義猶治絲而棼之手雖繁而絲益亂
也皇氏雖章句詳正微稍繁廣又既遵
鄭氏乃時乖鄭義此是木落不歸其本
狐死不首其丘此皆二家之弊未爲得
也然以熊比皇皇氏勝矣雖體例既別
不可因循今奉
勑刪理仍據皇氏以爲本其有不備以
熊氏補焉必取文證詳悉義理精審剪

其繁蕪撮其機要恐獨見膚淺不敢自
專謹與中散大夫守國子司業臣朱子
奢國子助教臣李善信守太學博士臣
賈公彦行太常博士臣柳士宣魏王東
閤祭酒臣范義頵魏王參軍事臣張權
等對共量定至十六年又奉
勑與前修疏人及儒林郎守太學助教
雲騎尉臣周玄達儒林郎守四門助教
雲騎尉臣趙君贊儒林郎守四門助教

雲騎尉臣王士雄等對　勑使趙弘智覆更詳審爲之正義凡成七十卷庶能光賛大猷垂法後進故敘其意義列之云爾

禮記正義

夫禮者經天地理人倫本其所起在天地未分之前故禮運云夫禮必本於大一是天地未分之前已有禮也禮者理也其用以治則與天地俱興故昭二十六年左傳稱晏子云禮之可以爲國也久矣與天地並但于時質略物生則自然而有尊卑若羊羔跪乳鴻鴈飛有行列豈由教之者哉是三才既判尊卑自然而有但天地初分之後即應有君臣治國但年代緜遠無文

以言案易緯通卦驗云天皇之先與乾曜
合元君有五期輔有三名注云君之用事
五行王亦有五期輔有三名公卿大夫也
又云遂皇始出握機矩注云遂皇謂遂人
在伏犧前始王天下也矩法也言遂皇持
斗機運轉之法指天以施政教旣云始王
天下是尊卑之禮起於遂皇也持斗星以
施政教者即禮緯斗威儀云宫主君商主
臣角主父徵主子羽主夫少宫主婦少商
主政是法北斗而爲七政七政之立是禮

迹所興也鄭康成六藝論云易者陰陽之
象天地之所變化政教之所生自人皇初
起人皇即遂皇也既政教所生初起於遂
皇則七政是也六藝論又云遂皇之後歷
六紀九十一代至伏犧始作十二言之教
然則伏犧之時易道既彰則禮事彌著案
譙周古史考云有聖人以火德王造作鑽
燧出火教民熟食人民大悅號曰遂人次
有三姓乃至伏犧制嫁娶以儷皮爲禮作
琴瑟以爲樂又帝王世紀云燧人氏没包

義氏代之以此言之則嫁娶嘉禮始於伏犧也但古史考遂皇至于伏犧唯經三姓六藝論云歷六記九十一代其又不同未知孰是或於三姓而爲九十一代也案廣雅云一紀二十七萬六千年方叔機注六藝論云六紀者九頭紀五龍紀攝提紀合洛紀連通紀序命紀凡六紀也九十一代者九頭一五龍五攝提七十二合洛三連通六序命四凡九十一代也但伏犧之前及伏犧之後年代參差所説不一緯候紛

紜各相乖背且復煩而無用今並略之唯據六藝論之文及帝王世紀以爲說也案易繫辭云包犧氏沒神農氏作案帝王世紀云伏犧之後女媧氏亦風姓也女媧氏沒次有大庭氏柏皇氏中央氏栗陸氏驪連氏赫胥氏尊盧氏渾沌氏昊英氏有巢氏朱襄氏葛天氏陰康氏無懷氏凡十五代皆襲伏犧之號然鄭玄以大庭氏是神農之別號案封禪書無懷氏在伏犧之前今在伏犧之後則世紀之文未可信用世

紀又云神農始教天下種穀故人號曰神農案禮運云夫禮之初始諸飲食燔黍捭豚蕢桴而土鼓又明堂位云土鼓葦籥伊耆氏之樂又郊特牲云伊耆氏始爲蜡蜡即田祭與種穀相協土鼓葦籥又與蕢桴土鼓相當故熊氏云伊耆氏即神農也旣云始諸飲食致敬鬼神則祭祀吉禮起於神農也又史記云黃帝與蚩尤戰於涿鹿則有軍禮也易繫辭黃帝九事章云古者葬諸中野則有凶禮也又論語撰考云軒

知地利九牧倡教旣有九州之牧當有朝聘是賓禮也若然自伏犧以後至黃帝吉凶賓軍嘉五禮始具皇氏云禮有三起禮理起於大一禮事起於遂皇禮名起於黃帝其禮理起於大一其義通也其禮事起於遂皇禮名起於黃帝其義乖也且遂皇在伏犧之前禮運燔黍捭豚在伏犧之後何得以祭祀在遂皇之時其唐堯則舜典云修五禮鄭康成以爲公侯伯子男之禮又云命伯夷典朕三禮五禮其文亦見經

也案舜典云類于上帝則吉禮也百姓如
喪考妣則凶禮也羣后四朝則賓禮也舜
征有苗則軍禮也嬪于虞則嘉禮也是舜
時五禮具備直云典朕三禮者據事天地
與人爲三禮其實事天地唯吉禮也其餘
四禮並人事兼之也案論語云殷因於夏
禮周因於殷禮則禮記揔陳虞夏商周則
是虞夏商周各有當代之禮則夏商亦有
五禮鄭康成注大宗伯唯云唐虞有三禮
至周分爲五禮不言夏商者但書篇散亡

夏商之禮絕滅無文以言故據周禮有文
者而言耳武王没後成王幼弱周公代之
攝政六年致大平述文武之德而制禮也
故洛誥云考朕昭子刑乃單文祖德又禮
記明堂位云周公攝政六年制禮作樂頒
度量於天下但所制之禮則周官儀禮也
鄭作序云禮者體也履也統之於心曰體
踐而行之曰履鄭知然者禮器云禮者體
也祭義云禮者履此者也禮記既有此釋
故鄭依而用之禮雖合訓體履則周官爲

體儀禮爲履故鄭序又云然則三百三千雖混同爲禮至於並立俱陳則曰此經禮也此曲禮也或云此經文也此威儀也是周禮儀禮有體履之別也所以周禮爲體者周禮是立治之本統之心體以齊正於物故爲禮賀瑒云其體有二一是物體言萬物貴賤高下小大文質各有其體二曰禮體言聖人制法體此萬物使高下貴賤各得其宜也其儀禮但明體之所行踐履之事物雖萬體皆同一履履無兩義也于

周之禮其文大備故論語云周監於二代郁郁乎文哉吾從周也然周旣禮道大用何以老子云失道而後德失德而後仁失仁而後義失義而後禮禮者忠信之薄道德之華爭愚之始故先師準緯候之文以爲三皇行道五帝行德三王行仁五霸行義若失義而後禮豈周之成康在五霸之後所以不同者老子盛言道德質素之事無爲靜默之教故云此也禮爲浮薄而施所以抑浮薄故云忠信之薄且聖人之王

天下道德仁義及禮並蘊于心但量時設教道德仁義及禮須用則行豈可三皇五帝之時全無仁義禮也殷周之時全無道德也老子意有所主不可據之以難經也既周禮爲體其周禮見於經籍其名異者見有七處案孝經說云禮經三百一也禮器云經禮三百二也中庸云禮儀三百三也春秋說云禮經三百四也禮說云有正經三百五也周官外題謂爲周禮六也漢書藝文志云周官經六篇七也七者皆云

三百故知俱是周官周官三百六十舉其大數而云三百也其儀禮之別亦有七處而有五名一則孝經說春秋及中庸並云威儀三千二則禮器云曲禮三千三則禮說云動儀三千四則謂爲儀禮五則漢書藝文志謂儀禮爲古禮經凡此七處五名稱謂並承三百之下故知即儀禮也所以三千者其履行周官五禮之別其事委曲條數繁廣故有三千也非謂篇有三千但事之殊別有三千條耳或一篇一卷則有

數條之事今行於世者唯十七篇而已故
漢書藝文志云漢初高堂生傳禮十七篇
是也至武帝時河間獻王得古禮五十六
篇獻王獻之又六藝論云後得孔子壁中
古文禮凡五十六篇其十七篇與高堂生
所傳同而字多異其十七篇外則逸禮是
也周禮爲本則聖人體之儀禮爲末賢人
履之故鄭序云體之謂聖履之爲賢是也
既周禮爲本則重者在前故宗伯序五禮
以吉禮爲上儀禮爲末故輕者在前故儀

禮先冠昬後喪祭故鄭序云二者或施而上或循而下其周禮六藝論云周官辟中所得六篇漢書説河間獻王開獻書之路得周官有五篇失其冬官一篇乃購千金不得取考工記以補其闕漢書云得五篇六藝論云得其六篇其文不同未知孰是其禮記之作出自孔氏但正禮殘缺無復能明故范武子不識殽烝趙鞅及魯君謂儀爲禮至孔子没後七十二之徒共撰所聞以爲此記或録舊禮之義或録變禮所

由或兼記體履或雜序得失故編而録之
以爲記也中庸是子思伋所作緇衣公孫
尼子所撰鄭康成云月令吕不韋所修盧
植云王制謂漢文時博士所録其餘衆篇
皆如此例但未能盡知所記之人也其周
禮儀禮是禮記之書自漢以後各有傳授
鄭君六藝論云案漢書藝文志儒林傳云
傳禮者十三家唯高堂生及五傳弟子戴
德戴聖名在也又案儒林傳云漢興高堂
生傳禮十七篇而魯徐生善爲容孝文時

徐生以容爲禮官大夫瑕丘蕭奮以禮至淮陽太守孟卿東海人事蕭奮以授戴德戴聖六藝論云五傳弟子者熊氏云則高堂生蕭奮孟卿后倉及戴德戴聖爲五也此所傳皆儀禮也六藝論云今禮行於世者戴德戴聖之學也又云戴德傳記八十五篇則大戴禮是也戴聖傳禮四十九篇則此禮記是也儒林傳云大戴授琅邪徐氏小戴授梁人橋仁字季卿楊榮字子孫仁爲大鴻臚家世傳業其周官者始皇深

惡之至孝武帝時始開獻書之路既出於山巖屋壁復入祕府五家之儒莫得見焉至孝成時通人劉歆校理祕書始得列序著于録略爲衆儒排棄歆獨識之知是周公致太平之道河南緱氏杜子春永平時初能通其讀鄭衆賈逵往授業焉其後馬融鄭玄之等各有傳授不復繁言也

附釋音禮記注疏卷第一

國子祭酒上護軍曲阜縣開國子臣孔穎達等撰

國子博士兼太子中允贈齊州刺史吳縣開國男臣陸德明釋文

禮記○陸德明音義曰此記二禮之遺闕故名禮記【疏】正義曰夫禮者經天地理人倫本其所起在天地未分之前故禮運云夫禮必本於大一是天地未分之前已有禮也禮者理也其用以治則與天地俱興故昭二十六年左傳稱晏子云禮之可以爲國也久矣與天地並但于時質略物生則自然而有尊卑若羊羔跪乳鴻鴈飛有行列豈由教之者哉是三才既判尊卑自然而有但天地初分之後即應有君臣治國但年代縣遠無文以言案易緯通卦驗云天皇之先與乾曜合元君有五期輔有三名注云君之用事五行王亦有五期輔有三名公卿大夫也又云遂皇始出握機矩注云遂皇謂遂人在伏犧前始王天下也矩法也言遂皇持斗機運轉之法指天以施政教既云始王天下是尊卑之禮起於遂皇也持斗星以施政教者即禮緯斗威儀云宫主君商主臣角主父徵主子羽主夫少宫主婦少商主政是

法北斗而爲七政七政之立是禮迹所興也鄭康成六藝論
云易者陰陽之象天地之所變化政教之所生自人皇初起
人皇即遂皇也既政教所生初起於遂皇則七政是也六藝
論又云遂皇之後歷六紀九十一代至伏犧始作十二言之
教然則伏犧之時易道既彰則禮事彌著案譙周古史考云
有聖人以火德王造作鑽燧出火教民熟食人民大悅號曰
遂人次有三姓乃至伏犧制嫁娶以儷皮爲禮作琴瑟以爲
樂又帝王世紀云燧人氏没包犧氏代之以此言之則嫁娶
嘉禮始於伏犧也但古史考遂皇至于伏犧唯經三姓六藝
論云歷六紀九十一代其文不同未知孰是或於三姓而爲
九十一代也案廣雅云一紀二十七萬六千年方叔機注六
藝論云六紀者九頭紀五龍紀攝提紀合洛紀連通紀序命
紀凡六紀也九十一代者九頭一五龍五攝提七十二合洛
三連通六序命四凡九十一代也但伏犧之前及伏犧之後
年代參差所說不一緯候紛紜各相乖背且復煩而無用今
並略之唯據六藝論之文及帝王世紀以爲說也案易繫辭
云包犧氏没神農氏作案帝王世紀云伏犧之後女媧氏亦
風姓也女媧氏没次有大庭氏柏皇氏中央氏栗陸氏驪連
氏赫胥氏尊盧氏渾沌氏昊英氏有巢氏朱襄氏葛天氏陰
康氏無懷氏凡十五代皆襲伏犧之號然鄭玄以大庭氏是

神農之別號案封禪云無懷氏在伏犧之前今在伏犧之後則世紀之文未可信用世紀又云神農始教天下種穀故人號曰神農案禮運云夫禮之初始諸飲食燔黍捭豚蕢桴而土鼓又明堂位云土鼓葦籥伊耆氏之樂又郊特牲云伊耆氏始爲蜡蜡即田祭與種穀相協土鼓葦籥又與蕢桴土鼓相當故熊氏云伊耆氏即神農也既云始諸飲食致敬鬼神則祭祀吉禮起於神農也又史記云黃帝與蚩尤戰於涿鹿則有軍禮也易繫辭黃帝九事章云古者葬諸中野則有凶禮也又論語撰考云軒知地利九牧倡教既有九州之牧當有朝聘是賓禮也若然自伏犧以後至黃帝吉凶賓軍嘉五禮始具皇氏云禮有三起禮理起於太一禮事起於遂皇禮名起於黃帝其禮理起於太一其義通也其禮事起於遂皇禮名起於黃帝其義乖也且遂皇在伏犧之前禮運燔黍捭豚在伏犧之後何得以祭祀在遂皇之時其唐堯則舜典云修五禮鄭康成以爲公侯伯子男之禮又云命伯夷典朕三禮五禮其文亦見經也案舜典云類于上帝則吉禮也百姓如喪考妣則凶禮也羣后四朝則賓禮也舜征有苗則軍禮也嬪于虞則嘉禮也是舜時五禮具備直云典朕三禮者據事天地與人爲三禮其實事天地唯吉禮也其餘四禮並人事兼之也案論語云殷因於夏禮周因於殷禮則禮記揔陳

虞夏商周則是虞夏商周各有當代之禮則夏商亦有五禮鄭康成注大宗伯唯云唐虞有三禮至周分爲五禮不言夏商者但書篇散亡夏商之禮絕滅無文以言故據周禮有文者而言耳武王没後成王幼弱周公代之攝政六年致太平述文武之德而制禮也故洛誥云考朕昭子刑乃單文祖德又禮記明堂位云周公攝政六年制禮作樂頒度量於天下但所制之禮則周官儀禮也鄭作序云禮者體也履也統之於心曰體踐而行之曰履鄭知然者禮器云禮者體也祭義云禮者履此者也禮記既有此釋故鄭依而用之禮雖合訓體履則周官爲體儀禮爲履故鄭序又云然則三百三千雖混同爲禮至於並立俱陳則曰此經禮也此曲禮也或云此經文也此威儀也是周禮儀禮有體履之别也所以周禮爲體者周禮是立治之本統之心體以齊正於物故爲體賀瑒云其體有二一是物體言萬物貴賤高下小大文質各有其體二曰禮體言聖人制法體此萬物使高下貴賤各得其宜也其儀禮但明體之所行踐履之事物雖萬體皆同一履履無兩義也于周之禮其文大備故論語云周監於二代郁郁乎文哉吾從周也然周既禮道大用何以老子云失道而後德失德而後仁失仁而後義失義而後禮禮者忠信之薄道德之華爭愚之始故先師準緯候之文以爲三皇行道五帝

行德三王行仁五霸行義若失義而後禮豈周之成康在五霸之後所以不同者老子盛言道德質素之事無爲靜默之教故云此也禮爲浮薄而施所以抑浮薄故云忠信之薄且聖人之王天下道德仁義及禮並蘊于心但量時設教道德仁義及禮須用則行豈可三皇五帝之時全無仁義禮也殷周之時全無道德也老子意有所主不可據之以難經也既周禮爲體其周禮見於經籍其名異者見有七處案孝經說云經禮三百一也禮器云經禮三百二也中庸云禮儀三百三也春秋說云禮經三百四也禮說云有正經三百五也周官外題謂爲周禮六也漢書藝文志云周官經六篇七也七者皆云三百故知俱是周官周官三百六十舉其大數而云三百也其儀禮之別亦有七處而有五名一則孝經說春秋及中庸並云威儀三千二則禮器云曲禮三千三則禮說云動儀三千四則謂爲儀禮五則漢書藝文志謂儀禮爲古禮經凡此七處五名稱謂並承三百之下故知即儀禮也所以三千者其履行周官五禮之別其事委曲條數繁廣故有三千也非謂篇有三千但事之殊別有三千條耳或一篇一卷則有數條之事今行於世者唯十七篇而已故漢書藝文志云漢初高堂生傳禮十七篇是也至武帝時河間獻王得古禮五十六篇獻王獻之又六藝論云後得孔子壁中古文禮

凡五十六篇其十七篇與高堂生所傳同而字多異其十七篇并則逸禮是也周禮爲本則聖人體之儀禮爲末賢人履之故鄭序云體之謂聖履之爲賢是也既周禮爲本則重者在前故宗伯序五禮以吉禮爲上儀禮爲末故輕者在前故儀禮先冠昏後喪祭故鄭序云二者或施而上或循而下其周禮六藝論云周官壁中所得六篇漢書説河間獻王開獻書之路得周官有五篇失其冬官一篇乃購千金不得取考工記以補其闕漢書云得五篇六藝論云得其六篇其文不同未知孰是其禮記之作出自孔氏但正禮殘缺無復能明故范武子不識殽烝趙鞅及魯君謂儀爲禮至孔子沒後七十二之徒共撰所聞以爲此記或録舊禮之義或録變禮所由或兼記體履或雜序得失故編而録之以爲記也中庸是子思伋所作緇衣公孫尼子所撰鄭康成云月令呂不韋所修盧植云王制謂漢文時博士所録其餘衆篇皆如此例但未能盡知所記之人也其周禮儀禮是禮記之書自漢以後各有傳授鄭君六藝論云案漢書藝文志儒林傳云傳禮者十三家唯高堂生及五傳弟子戴德戴聖名在也又案儒林傳云漢興高堂生傳禮十七篇而魯徐生善爲容孝文時徐生以容爲禮官大夫瑕丘蕭奮以禮至淮陽太守孟卿東海人事蕭奮以授戴德戴聖六藝論云五傳弟子者熊氏云則

高堂生蕭奮孟卿后倉及戴德戴聖爲五也此所傳皆儀禮也六藝論云今禮行於世者戴德戴聖之學也又云戴德傳記八十五篇則大戴禮是也戴聖傳禮四十九篇則此禮記是也儒林傳云大戴授琅邪徐氏小戴授梁人橋仁字季卿楊榮字子孫仁爲大鴻臚家世傳業其周官者始皇深惡之至孝武帝時始開獻書之路旣出於山巖屋壁復入祕府五家之儒莫得見焉至孝成時通人劉歆校理祕書始得列序著于録略爲衆儒排棄歆獨識之知是周公致太平之道河南緱氏杜子春永平時初能通其讀鄭衆賈逵往授業焉其後馬融鄭玄之等各有傳授不復繁言也

曲禮上第一

○陸曰本或作曲禮上者後人加也檀弓雜記放此曲禮者是儀禮之舊名委曲説禮之事

【疏】正義曰案鄭目録云名曰曲禮者以其篇記五禮之事祭祀之説吉禮也喪荒去國之説凶禮也致貢朝會之説賓禮也兵車旌鴻之説軍禮也事長敬老執贄納女之説嘉禮也此於別録屬制度案鄭此説則此曲禮篇中有含五禮之義是以經云禱祠祭祀之説當吉禮也送喪不由徑歲凶年穀不登又云大夫士去國如此之類是喪荒去國之説當凶禮也五官致貢曰享天子當宁而立曰朝相見於郤地曰會如此之類是致貢朝會之説當賓禮也兵車

不式前有水則載青旌如此之類是兵車旌鴻之說當軍禮也侍坐於長者故君子式黃髮婦人之贄椇榛棗栗納女於天子如此之類是事長敬老執贄納女之說當嘉禮也必知執贄當婦人之贄者以其士相見鄭目錄以士執贄爲賓禮故也此篇既含五禮故其篇名爲曲禮曲禮之與儀禮其事是一以其屈曲行事則曰曲禮見於威儀則曰儀禮但曲之與儀相對周禮統心爲號若揔而言之則周禮亦有曲名故藝文志云帝王爲政世有損益至周曲爲之防事爲之制故曰經禮三百威儀三千是二禮互而相通皆有曲稱也云上者對下生名本以語多簡策重大分爲上下更無義也第一者小爾雅云第次也呂靖云一者數之始禮記者一部之大名曲禮者當篇之小目既題曲禮於上故著禮記於下以配注耳鄭氏者姓鄭名玄字康成北海高密縣人前漢僕射鄭崇八世之孫也後漢徵爲大司農年七十四乃卒然鄭亦附盧馬之本而爲之注注者即解書之名但釋義之人多稱爲傳傳謂傳述爲義或親承聖旨或師儒相傳故云傳今謂之注者謙也不敢傳授直注己意而已若然則傳之與注各出已情皇氏以爲自漢以前爲傳自漢以後爲注然王肅在鄭之後何以亦謂之傳其義非也

曲禮曰毋不敬禮主於敬。陸曰毋音無說文云止之詞其字從女內有一畫象有姦之形禁止之勿令姦古人云毋猶今人言莫也案毋字與父母字不同俗本多亂讀者皆朱點母字以作無音非也後放此疑者特復音之

儼若思儼矜莊貌人之坐思貌必儼然。嚴魚檢反本亦作儼同矜莊貌思如字徐息嗣反矜君冰反

安定辭審言語也易曰言語者君子之樞機。樞昌朱反

安民哉此上三句可以安民說曲禮者美之云耳

疏正義曰此一節明人若立治之本先當肅心謹身慎口之事。曲禮曰者案下文安民哉是為君上所行故記人引儀禮正經毋不敬以下三句而為實驗也。毋不敬者人君行禮無有不敬行五禮皆須敬也。儼若思者儼矜莊貌也若如也思計慮也夫人計慮狀必端愨今明人君矜莊之貌如人之思也。安定辭者安定審辭言語也人君出言必當慮之於心然後宣之於口是詳審於言語也。安民哉者但人君發舉不離口與身心既心能肅敬身乃矜莊口復審慎三者依於德義則政教可以安民也云哉者記人美此三句者也。注禮主於敬。正義曰孝經云禮者敬而已矣是也又案鄭目錄云曲禮之中體含五禮今云曲禮曰毋不敬則五禮皆須敬故鄭云禮主於敬然

五禮皆以拜爲敬禮則祭極敬主人拜尸之類是吉禮須敬也拜而後稽顙之類是凶禮須敬也主人拜迎賓之類是賓禮須敬也軍中之拜肅拜之類是軍禮須敬也冠昏飲酒皆有賓主拜荅之類是嘉禮須敬也兵車不式乘玉路不式鄭云大事不崇曲敬者謂敬天神及軍之大事故不崇曲小之敬熊氏以爲唯此不敬者恐義不然也既云曲禮曰是引儀禮正經若引春秋曰詩曰之類所引者若冠禮戒辭云壽考惟祺介爾景福之等今不見者或在三千散亡之中也○注儼矜至儼然○正義曰經唯云儼若思不云坐鄭必知坐思者案大學云定而後能靜靜而後能安安而後能慮慮即思故知思必當坐也○注審言至樞機○正義曰論語云駟不及舌故審言語也易曰者易繫辭之文也故彼云君子出其言善則千里之外應之況其邇者乎出其言不善則千里之外違之況其邇者乎言行者君子之樞機鄭注樞謂戶樞機謂弩牙戶樞之發或明或闇弩牙之發或中或否以喻君子之言或榮或辱引之者證審言語之事彼爲言行鄭云言語者既證經辭無取於行故變文爲語也

○敖不可長欲不可從志不可滿樂不可極四者慢遊之道桀紂所以自禍○敖五報反慢也王肅五高反遨遊也長丁丈

反盧植馬融王肅並直良反欲如字一音喻從足用反放縱也樂音洛皇侃音岳極如字皇紀力反桀其列反夏之末主名癸紂直丑反殷之末主名辛

疏 敖不至可極○正義曰此一節承上人君敬慎之道此亦據人君恭謹節儉之事故鄭引桀紂以證之○敖不可長者敖者矜慢在心之名長者行敖著迹之稱夫矜我慢物中人不免若有心而無迹則於物無傷若迹著而行用則侵虐爲甚傾國亡家必由乎此故戒不可長○欲不可從者心所貪愛爲欲則飲食男女人之大欲存焉是也人皆有欲但不得從之也○志不可滿者六情徧覩在心未見爲志凡人各有志意但不得自滿故六韜云器滿則傾志滿則覆○樂不可極者樂者天子宮縣以下皆得有樂但主歡心人情所不能已當自抑止不可極爲故樂記云樂盈而反以反爲文○注四者至自禍○正義曰案尚書史記說紂惡甚多不可具載皇氏云斮朝涉之脛剖賢人之心是長敖也糟丘酒池之等是從欲也玉杯象箸之等是志滿也靡靡之樂是樂極也桀之爲惡唯有民隊塗炭淫於妹嬉之事雖史傳不言四事亦應俱有四者之惡故紂焚宣室桀放南巢但天作孽猶可違自作孽不可逭桀紂皆自身爲惡以致滅亡故云自禍也

○賢者狎而敬之 狎習也近也謂附而近之習其所行

也月令曰雖有貴戚近習。狎戶甲反近附近之近下注内不出者皆同戚音戚本亦作戚 畏而愛之

心服曰畏曾子曰吾先子之所畏 愛而知其惡憎而知其善 謂凡與人交不

可以己心之愛憎誣人之善惡。誣音無後並同 積而能散 謂己有蓄積見貧窮者則當能散以

賙救之若宋樂氏。蓄勑六反賙音周樂音岳謂宋司城樂喜 安安而能遷 謂己今安此之安圖

後有害則當能遷晉咎犯與姜氏醉重耳而行近之。害如字本亦作難乃旦反咎其九反重直龍反 臨財

毋苟得 爲傷廉也。爲于僞反下爲傷爲近皆同 臨難毋苟免 爲傷義也。難乃旦

反 很毋求勝分毋求多 爲傷平也很鬩也謂爭訟也詩云兄弟鬩於牆。很胡懇

反勝舒證反分扶問反鬩呼歷反。猶鬩也爭爭鬭之爭下文皆同 疑事毋質 質成也彼已俱疑而

已成言之終不然則傷知。知音智 直而勿有 直正也已若不疑則當稱師友而正之謙也

疏 賢者至勿有。正義曰此一節揔明愛敬安危忠信之事各隨文解之。賢者狎而敬之者賢是有德成之稱狎謂近也

習也賢者身有道藝朋類見賢思齊焉必須附而近之習其德藝儕倫易相褻慢故戒令相敬也○注狎習至近習○正義曰引月令者案月令仲冬之月禁戒婦功不得奢慢貴戚謂王之姑姊妹近習謂王之所親幸嬪御之屬言近習者王附而近之習其色引之者證賢者附而近之習其道藝連引貴戚於義無所當也○畏而愛之○正義曰賢者有其德行人皆心服畏之既有所畏必當愛其德義不可疏之○注心服至所畏○正義曰引曾子曰吾先子之所畏者孟子云或問曾西曰吾子與子路孰賢曾西蹴然曰吾先子之所畏也先子謂祖曾參不在四科○而子路入四科故曾參心服子路引之者證經畏是心服之義○愛而知其惡憎而知其善正義曰愛謂己所親幸憎謂己所嫌慢人多愛而不知其惡憎而不知其善故記人戒之云凡人雖愛必當知其心懷惡行崔氏云若石碏知子厚是也心雖憎疾亦當知其善能若祁奚知其解狐是也若然乃可審知人之賢愚○積而能散正義曰凡人貪嗇皆好積而不好散今謂已有畜積能賑乏賙無則是仁惠也○注謂已至樂氏○正義曰引宋樂氏者案襄二十九年左傳云鄭國飢子皮貸民粟戶一鍾樂氏宋司城官姓樂名喜字子罕宋亦飢樂喜請於平公云鄰於善民之望請貸民粟并使諸大夫亦貸之今不引鄭罕氏而

引宋樂氏者鄭䍐氏施而斂之宋樂氏施而不斂故晉叔向聞之曰鄭之䍐宋之樂施而不德樂氏加焉熊氏云禮家施不及國大夫不收公利二家皆非也今鄭爲能散者直取一邊能散之義是同不據家施非禮之事鄭不言是而言若者但禮與諸經事實是一惟文字不同鄭則言是若檀弓云諸侯伐秦曹桓公卒於會鄭注引春秋傳云曹伯廬卒於師是也以其一事故云是也此禮本不爲樂氏而作但事類相似引以爲證故云若也○安安而能遷○正義曰上安據心下安據處凡人多居危如安故記人戒之云謂已心安於此所處之安當圖謀於後有害以否若後當有害必須早遷則離害也○注謂已至近之○正義曰晉舅犯者案左傳僖二十三年晉重耳自翟之齊齊桓公妻之有馬二十乘重耳心安於齊不欲歸晉從者重耳之舅字子犯謀於桑下蠶妾在其上以告姜氏姜氏殺之而謂公子曰子有四方之志其聞之者吾殺之矣公子曰無之姜氏曰行也懷與安實敗名公子不可姜氏與子犯謀醉而遣之醒以戈逐子犯至秦秦伯納之卒爲霸主是安安而能遷之事鄭不云是又不云若而言近之者安安能遷亦不爲重耳而作不得云是遷又非重耳之意不得云若故云近之也○臨財毋苟得○正義曰財利人之所貪非義而取謂之苟得故記人戒之今有財利元非

兩人之物兩人俱臨而求之若苟得入已則傷廉隅故鄭云爲傷廉也○臨難毋苟免○正義曰難謂有寇仇謀害君父爲人臣子當致身授命以救之故記人戒之云若君父有難臣子若苟且免身而不鬬則陷君父於危亡故云毋苟免見義不爲無勇也故鄭云爲傷義也○很毋求勝分毋求多○正義曰很謂小小鬩很凡人所爭皆欲求勝故記人戒之云而有小小鬩很當引過歸已不可求勝○分毋求多者此元是衆人之物當共分之人皆貪欲望多入已故記人戒之云所分之物毋得求多也○注爲傷至於牆○正義曰所引詩者是小雅常棣閔管蔡失道之詩也彼云兄弟鬩於牆外禦其侮引之者證經很亦是小小鬩很之事若大很則當報之故論語孔子云以直報怨是也○疑事毋質○正義曰人多專固未知而爲已知故戒之云彼已俱疑而來問已質成也若已亦疑則無得成言之若成言疑事後爲賢人所譏則傷已智也故孔子戒子路云不知爲不知也○直而勿有○正義曰此謂彼疑已不疑者仍須謙退直正也彼有疑事而來問已已若不疑而荅之則當稱師友所說以正之勿爲已有此義也○

若夫言若欲爲丈夫也春秋傳曰是謂我非夫○夫方于反丈夫也

坐如尸視貌正

立如齊磬且聽也齊謂祭祀時○齊側皆反

本亦作齋音同注同還音旋後放此**禮從宜**事不可常也晉士匄帥師侵齊聞齊侯卒乃還春秋善之○丐本亦作匄音蓋

使從俗亦事不可常也牲幣之屬則當從俗所出禮器曰天不生地不養君子不以爲禮鬼神不饗○使色吏反幣徐扶世反饗許兩反

疏若夫至從俗○正義曰此一節論爲丈夫之法當坐如尸以下四行並備乃可立身各依文解之○若夫者凡人若爲丈夫之法必當如下所陳故目丈夫於上下乃論其行以結之○注言若至非夫○正義曰案左傳宣十二年邲之戰楚侵鄭晉救之及河聞鄭既及楚平中軍將荀林父欲還不濟上軍將士會曰善中軍佐先縠曰不可成師以出聞敵彊而退非夫也又哀十一年齊伐魯魯武叔初不欲戰爲冉求所非武叔曰是謂我不成丈夫也退而蒐乘二傳之言當是先縠之辭也彼無是謂我鄭君足之也○坐如尸者尸居神位坐必矜莊言人雖不爲尸若所在坐法必當如尸之坐故鄭云視貌正也○立如齊者人之倚立多慢不恭故戒之云倚立之時雖不齊亦當如祭前之齊必須磬折屈身○注磬且至祀時○正義曰磬且聽案士虞禮云無尸者主人哭出復位祝闔牖戶如食間是祭時主人有聽法云磬者謂屈身如磬之折殺案考工記云磬氏爲磬倨句一矩有半鄭云必先度一

矩爲句一矩爲股而求其弦既而以一矩有半觸其弦則磬之倨句也是磬之折殺其形必曲人之倚立亦當然也又云齊謂祭祀時者凡齊皆在祭前自整齊之名並於適寢之中坐而無立今云立如齊者齊有立者但祭前有齊所以自整齊也則祭日神前亦當齊則齋者是先後通稱此言立如齋非祭前坐齋故鄭云齋謂祭祀時也若然此立謂侍尊者之時故玉藻云凡侍於君紳垂足如履齋視下聽上是也○禮從宜者皇氏云上二事丈夫爲儼恪之儀此下二事丈夫爲君出使之法義或然也禮從宜者謂人臣奉命出使征伐之禮雖奉命出征梱外之事將軍裁之知可而進知難而退前事不可準定貴從當時之宜也○注事不至善之○正義曰案春秋襄十九年齊侯環卒晉士匄帥師侵齊至穀聞齊侯卒乃還公羊云還者何善辭也何善爾大其不伐喪也此受命於君而伐齊則何大其不伐喪也大夫以君命出使進退在大夫也○使從俗者使謂臣爲君出聘之法皆出土俗牲幣以爲享禮土俗若無不可境外求物故云使從俗也皇氏云上禮從宜與此使從俗互而相通皆是以禮而使義或然也○注亦事至不饗○正義曰牲幣之屬當從俗所出者謂若郊特牲及聘禮朝聘皆有皮馬龜金竹箭璧帛之等有則致之無則已故云不可常也禮器曰天不生者謂天不以四

時而生若李梅冬實地不養者謂居山以魚鱉居澤以鹿豕君子不以爲禮者謂天不生地不養之等君子不將爲饗禮鬼神不饗者言君子不以爲禮者祇由鬼神不歆饗此非常之物明鬼神依人也○**夫禮者所以定親疏決嫌疑別同異明是非也禮不妄說人**爲近佞媚也君子說之不以其道則不說也○夫音扶凡發語之端皆然後放此疏所居反或作疎決徐古穴反嫌戶恬反別彼列反下注下文同說音悅又始悅反注同佞乃定反口才曰佞媚眉忌反意向曰媚**不辭費**爲傷信君子先行其言而後從之○辭本又作詞同說文以詞爲言詞之字辭不受也後皆放此費芳味反言而不行爲辭費**禮不踰節不侵侮不好狎**爲傷敬也人則習近爲好狎○侮徐云撫反輕慢也好呼報反注同**脩身踐言謂之善行**踐履也言履而行之○行下孟反下行脩同**行脩言道禮之質也**言道言合於道質猶本也禮爲之文飾耳**禮聞取於人不聞取人**謂君人者取於人謂高尚其道取人謂制服其身○

取於舊七樹反謂趣就師求道也皇如字謂取師之道取人如字謂制師使從已

禮聞來學不聞往教尊道藝【疏】夫禮至往教。正義曰此一節揔明治身立行交接得否皆由於禮故以禮爲目各隨文解之。夫禮者所以定親疏者五服之內大功已上服麤者爲親小功已下服精者爲疏故周禮小史掌定繫世辨昭穆也。決嫌疑者若妾爲女君期女君爲妾若報之則太重降之則有舅姑爲婦之嫌故全不服是決嫌疑者孔子之喪門人疑所服子貢曰昔者夫子喪顏回若喪子而無服喪子路亦然請喪夫子若喪父而無服是決疑也。別同異者賀瑒云本同今異姑姊妹是也本異今同世母叔母及子婦是也。明是非也者得禮爲是失禮爲非若主人未斂子游裼裘而弔得禮是也曾子襲裘而弔失禮非也但嫌疑同異是非之屬在禮甚衆各舉一事爲證而皇氏具引今亦略之。禮不妄說人者禮動不虛若說人之德則爵之問人之寒則衣之若無爵無衣則爲妄說近於佞媚也。注君子至說也。正義曰此論語文孔子曰君子說之不以其道則不說也不以其道說之是妄說故君子不說也引證經禮不妄說人之事。不辭費者正義曰凡爲人之道當言行相副今直有言而無行爲辭費。禮不至好狎。禮者所以辨尊卑別等級使上不逼下下不僭上故云禮不踰越節度也不侵侮者禮主於敬自卑而尊人故戒之不得侵犯侮慢於人也○不好狎者賢者當狎而敬之若直近而習之不加於敬則是好狎故鄭云習近爲好狎也○行脩至質也○凡爲禮之法皆以忠信仁義爲本禮以文飾行脩者忠信之行脩言道者言合於仁義之道質本也則可與禮爲本也○禮聞取於人不聞取人者熊氏以爲此謂人君在上招賢之禮當用賢人德行不得虛致其身禮聞取於人者謂禮之所聞既招致有賢之人當於身上取於德行用爲政教不聞直取賢人授之以位制服而已故鄭云謂君人者皇氏以爲人君取師受學之法取於人謂自到師門取其道藝○禮聞來學不聞往教○禮聞來學者凡學之法當就其師處北面伏膺不聞往教者不可以屈師親來就己故鄭云尊道藝也

○道德仁義非禮不成教訓正俗非禮不備分爭辨訟非禮不決君臣上下父子兄弟非禮不定宦學事師非禮不親班朝治軍涖官行法非禮威嚴不行禱祠

祭祀供給鬼神非禮不誠不莊分辨皆別也官仕也班次也涖臨也莊敬也學或為御○辨皮勉反徐方勉反上下上謂公卿下謂大夫士宦音患朝直遥反涖本亦作莅徐音利沈力二反又力位反禱丁老反鄭云求福曰禱祠音詞求得曰祠共音恭本或作供莊側亙反徐側亮反學或為御鄭此注為見他本也後放此是以君子恭敬撙節退讓以明禮撙猶趨也○撙祖本反趨七俱反就也向也鸚鵡能言不離飛鳥猩猩能言不離禽獸今人而無禮雖能言不亦禽獸之心乎夫唯禽獸無禮故父子聚麀聚猶共也鹿牝曰麀○鸚本或作鸚厄耕反母本或作鵡同音武諸葛恪茂后反離力智反下同狌本又作猩音生禽獸或盧本作走獸麀音憂牝鹿也牝頻忍反徐扶盡反舊扶允反是故聖人作為禮以教人使人以有禮知自別於禽獸【疏】道德至禽獸○正義曰此一節明禮為諸事之

本言人能有禮然可異於禽獸也○道德仁義非禮不成者
道者通物之名德者得理之稱仁是施恩及物義是裁斷合
宜言人欲行四事不用禮無由得成故云非禮不成也道德
爲萬事之本仁義爲羣行之大故舉此四者爲用禮之主則
餘行須禮可知也道是通物德是理物理物由於開通是德
從道生故道在德上此經道謂才藝德謂善行故鄭注周禮
云道多才藝德能躬行非是老子之道德也熊氏云此是老
子失道而後德失德而後仁失仁而後義今謂道德大而言
之則包羅萬事小而言之則人之才藝善行無問大小皆須
禮以行之是禮爲道德之具故云非禮不成然人之才藝善
行得爲道德者以身有才藝事得開通身有美善於理爲得
故稱道德也○教訓正俗非禮不備者熊氏云教謂教人師
法訓謂訓說義理以此教訓正其風俗非得其禮不能備具
故云非禮不備但教之與訓小異大同○分爭辨訟非禮不決
者周禮司寇以兩造禁民訟又云以兩劑禁民獄故鄭云爭
罪曰獄爭財曰訟則萬事通名故左傳云凡有血氣皆有爭
心又云錐刀之末將盡爭之是也此爭財曰訟對文異耳散
則通名故左傳云衛侯與元咺訟是爭罪亦曰訟也○君臣
上下父子兄弟非禮不定者上謂公卿大夫下謂士也君父
南面臣子北面公卿大夫則列位於上士則列位於下兄前

弟後唯禮能定也白虎通云君羣也羣下之所歸心也臣堅
也厲志自堅也父矩也以法度教子也子孳也孳孳無已也
兄況也況父法也弟悌也心順行篤也宦學事師非禮不親
者熊氏云宦謂學仕宦之事學謂習學六藝此二者俱是事
師非禮不親左傳宣二年趙盾見靈輒餓問之云宦三年矣
服虔云宦學也是學職事爲官也○班朝治軍涖官行法非
禮威嚴不行者班次也朝朝廷也次謂司士正朝儀之位次
也治軍謂師旅卒伍各正其部分也涖臨也官謂卿大夫士
各有職掌行法謂司寇士師明刑法也皆用禮威嚴乃行也
禱祠祭祀供給鬼神非禮不誠不莊者周禮都宗人云國有
大故則令禱祠鄭注云祠謂報塞又小宗伯注云求福曰禱
得求曰祠熊氏云祭祀者國家常禮牲幣之屬以供給鬼神
唯有禮乃能誠敬○是以君子恭敬撙節退讓以明禮者君
子是有德有爵之通稱王肅云君上位子下民又康成注少
儀云君子卿大夫若有異德者凡禮有深疑則舉君子以正
之恭敬者何胤云在貌爲恭在心爲敬何之所說從多舉也
夫貌多心少爲恭心多貌少爲敬所以知者書云奉先思孝
接下思恭又云貌曰恭又少儀云賓客主恭祭祀主敬論語
云巧言令色足恭又云至於犬馬皆能有養不敬何以别乎
又孝經說君父同敬爲母不同敬以此諸文言之凡稱敬多

爲尊故知貌多爲恭心多爲敬也又通而言之則恭敬是一左傳云敬恭父命士昏禮云敬恭聽宗父母之言孝經云恭敬安親此並恭敬連言明是一也撙者趨也節法度也言恒趨於法度退讓以明禮者應進而遷曰退應受而推曰讓以明禮者既道德仁義已下並須禮以成故君子之身行恭敬趨法度及退讓之事以明禮也○猩猩至禽獸○正義曰爾雅云猩猩小而好啼郭注山海經云人面豕身能言語今交阯封谿縣出猩猩狀如貛豘聲似小兒啼今案禽獸之名經記不同爾雅云二足而羽謂之禽四足而毛謂之獸今鸚鵡是羽曰禽猩猩四足而毛正可是獸今並云禽獸者凡語有通別別而言之羽則曰禽毛則曰獸所以然者禽者擒也言鳥力小可擒捉而取之獸者守也言其力多不易可擒先須圍守然後乃獲故曰獸也通而爲說鳥不可曰獸獸亦可曰禽故鸚鵡不曰獸而猩猩通曰禽也故易云王用三驅失前禽則驅走者亦曰禽也又周禮司馬職云大獸公之小禽私之以此而言則禽未必皆鳥也又康成注周禮云凡鳥獸未孕曰禽周禮又云以禽作六摯卿羔大夫鴈白虎通云禽者鳥獸之揔名以此諸經證禽名通獸者以其小獸可擒故得通名禽也○

太上貴德 太上帝皇之世其民施而不惟報○大音泰注同大上謂三皇五帝之世

施始豉反下同其次務施報三王之世禮始興焉禮尚往來往而不來非禮也來而不往亦非禮也人有禮則安無禮則危故曰禮者不可不學也夫禮者自卑而尊人雖負販者必有尊也而況富貴乎負販者尤輕佻志利宜若無禮然○販方萬反佻吐彫反富貴而知好禮則不驕不淫貧賤而知好禮則志不懾懾猶怯惑○好呼報反下同懾之涉反怯丘劫反何胤云懾所行爲怯

【疏】大上至不懾○正義曰此一節明世變道殊所貴有異雖負販者必須有禮各隨文解之○大上貴德者大上謂三皇五帝之世也其時猶淳厚其德不尚往來之禮所貴者在於有德故曰貴德也德主務施其事但施而不希其反也皇是三皇帝是五帝不云皇帝者恐是一事不分故鄭升帝於皇上以殊異代矣然五帝雖有三禮五玉陟方朝會而猶是揖讓故上同三皇是以禮運注謂五帝爲大道之時也熊氏云三皇稱皇者皆

行合天皇之星故詩緯含神務。宋均注云北極天皇大帝其精生人然則稱皇者皆得天皇之氣也鄭玄意則以伏犧女媧神農爲三皇故注中候勑省圖引運斗樞伏犧女媧神農爲三皇也然宋均注援神契引甄耀度數燧人伏犧神農爲三皇譙周古史考亦然白虎通取伏犧神農祝融爲三皇孔安國則以伏犧神農黃帝爲三皇並與鄭不同此皆無所據其言非也鄭數伏犧女媧神農非謂其人身自相接其間代之王多矣六藝論云燧人至伏犧一百八十七代宋均注文耀鉤云女媧以下至神農七十二姓譙周以爲伏犧以次有三姓始至女媧女媧之後五十姓至神農神農至炎帝一百三十三姓是不當身相接譙周以神農炎帝爲別人又以神農爲木德女媧爲水德皆非鄭義也其五帝者鄭注中候勑省圖云德合五帝坐星者稱帝則黃帝金天氏高陽氏高辛氏陶唐氏有虞氏是也實六人而稱五者以其俱合五帝坐星也五帝所以稱帝者坤靈圖云德配天地在正不在私稱之曰帝三王稱王者莊三年穀梁傳曰其曰王者人所歸往也散而言之則三皇亦稱帝則月令云其帝太昊是也五帝亦稱皇則吕刑云皇帝清問下民是也至三王德劣不得上同於天唯稱王而已此云太上貴德鄭云帝皇之世則帝皇以上皆行德也所以中候握河紀云皇道帝德非朕所事是三皇行道五帝行德不同者但德由道生道爲其本故道優於德散而言之德亦是道故揔云貴德既三皇行道五帝行德以次推之則三王行仁五霸行義五帝雖行德亦能有仁故大學云堯舜率天下以仁是也案老子云道常無名河上公云能生天地人則當大易之氣也道德經云上德不德其德稍劣於常道則三皇之世法大易之道行之也然則可行之道則伏犧畫八卦之屬是也三皇所行者也下德不失德河上公云下德謂號謚之君則五帝所行者也但三皇則道多德少五帝則道少德多此皆熊氏之説也今謂道者開通濟物之名萬物由之而有生之不爲功有之不自伐虛無寂莫隨物推移則天地所生微妙不測聖人能同天地之性其愛養如此謂之爲道此則常道人行大道也其如此善行爲心於已爲得雖不矜伐意恒爲善謂之爲德此則劣於道也既能推恩濟養惻隱矜恤於物謂之爲仁又劣於德若其以仁招物物不從己征伐刑戮使人服從謂之爲義又劣於仁以義服從恐其叛散以禮制約苟相羈縻是之謂禮又劣於義此是人情小禮非大禮也聖人之身俱包五事遇可道行道可德行德可仁行仁可義行義皆隨時應物其實諸事並有非是有道德之時無仁義有仁義之時無道德也此道德以大言之則天地聖人之功也以小言之則凡人之行也故

鄭注同禮云道多才藝德能躬行謂於一人之上亦能開通亦於己爲德以此言之則周禮三德六德及皐陶九德及洪範三德諸經傳道德皆有分域小大殊名不足怪也○注其民施而不惟報○正義曰惟思也世既貴德但有施惠而不思求報也○其次務施報○正義曰其次謂三王之世也務猶事也三王之世獨親其親獨子其子貨力爲己施則望報以爲恒事故云務施報○禮尚往來者言三王之世其禮主尚往來○貧賤而知好禮則志不懾者懾怯也惑也貧者之容好怯惑畏人使心志不遂若知禮者則持禮而行之故志不懾怯是以於負販之中必有所尊也○注懾猶怯惑○正義曰何胤云憚所行爲怯迷於事爲惑義或當然

○人生十年曰幼學名曰幼時始可學也內則曰十年出就外傳居宿於外學書計二十曰弱冠三十曰壯有室有室有妻也妻稱室○冠古亂反四十曰強而仕五十曰艾服官政艾老也○艾五蓋反謂蒼艾色也一音刈治也六十曰耆指使指事使人也六十不與服戎不親學○耆渠夷反賀瑒云至也至老境也與音預七十曰老而傳傳家

事任子孫是謂宗子之父○傳直專反沈直戀反八十九十曰耄耄惛忘也春秋傳曰謂老

將知耄又及之○旄本又作耄同亡報反注同本或作八十日耄九十日旄後人妄加之惛音昏一音呼困反忘亡亮反

又如字知音智七年曰悼悼憐愛也○悼徒報反悼與耄雖有罪不

加刑焉愛幼而尊老百年曰期頤期猶要也頤養也不知衣服食味孝子要盡養

道而已○頤羊時反要於遙反又如字下同養道羊尚反又如字大夫七十而致事致其所掌之事於君而告老若不得謝謝猶聽也君必有命勞苦辭謝之其有德尚壯則不聽耳

○聽吐丁反後可以意求皆不音勞如字又力報反則必賜之几杖行役以婦

人適四方乘安車自稱曰老夫几杖婦人安車所以養其身體也安

車坐乘若今小車也老夫老人稱也亦明君貪賢春秋傳曰老夫耄矣於其國則稱名君雖

尊異之自稱猶若臣越國而問焉必告之以其制鄰國來問必問於老

者以荅之制法度〔疏〕人生至其制。○正義曰此一節明人幼而從學至於成德終始之行皆遵禮制各隨文解之○人生十年曰幼學者謂初生之時至十歲依内則子生八年始教之讓九年教之數目十年出就外傅居宿於外學書計故以十年爲節也幼者自始生至十九時故檀弓云幼名者三月爲名稱幼冠禮云棄爾幼志是十九以前爲幼喪服傳云子幼鄭康成云十五已下皆別有義今云十年曰幼學是十歲而就業也○二十曰弱冠者二十成人初加冠體猶未壯故曰弱也至二十九通得名弱冠以其血氣未定故也不曰人生並承上可知也今謂庶人及士之子若卿大夫十五以上則冠故喪服云大夫爲昆弟之長殤是也其冠儀與士同故郊特牲云無大夫冠禮是也其大夫之子亦二十而冠其諸侯之子亦二十而冠天子之子則十二而冠若天子諸侯之身則皆十二而冠具釋在冠義○三十曰壯有室者三十而立血氣已定故曰壯也壯有妻妻居室中故呼妻爲室若通而言之則宮室通名故爾雅云宮謂之室室謂之宮別而言之論其四面穹隆則宮因其財物充實則曰室室之言實也今不云有妻而云有室者妻者齊也齊爲狹局云室者含妾媵事類爲廣案媒氏云男三十女二十鄭康成云二三者天地相承覆之數也易曰參天兩地而地而奇數焉白虎通云男三十筋骨堅强任爲人父女二十肌膚充盛任爲人母合爲五十應大衍之數生萬物也○四十曰强而仕者三十九以前通曰壯壯久則强故四十曰强强有二義一則四十不惑是智慮强二則氣力强也○五十曰艾服官政者四十九以前通曰强年至五十氣力已衰髮蒼白色如艾也五十是知天命之年堪爲大夫服事也大夫得專事其官政故曰服官政也鄭康成注孝經云張官設府謂之卿大夫即此之謂也熊氏云案中候運衡云年耆旣艾注云七十曰艾言七十者以時堯年七十故以七十言之又中候準讖哲云仲父年艾誰將逮政注云七十曰艾者云誰將逮政是告老致政致政當七十之時故以七十曰艾○六十曰耆指使者賀瑒云耆至也至老之境也六十耳順不得執事但指事使人也鄭注射義云耆耋皆老也○注六十至不親學○正義曰此王制文引之者證不自使也○七十曰老而傳者六十至老境而未全老七十其老已至故言老也旣年已老則傳徙家事付委子孫不復指使也○注傳家至之父○正義曰然庶子年老亦得傳付子孫而鄭唯云謂宗子者爲喪服有宗子孤爲殤鄭云言孤有不孤者謂父有廢疾若七十而老子代主宗事者也鄭今欲會成喪服義故引宗子之父也又一云宗子並謂五宗也五宗之子並是傳祭之身故指之

也庶子乃授家事於子非相傳之事此既云傳故鄭知非庶
子也必爲宗子父者以經言傳傳者上受父祖之事下傳子
孫子孫之所傳家事祭事爲重若非宗子無由傳之但七十
之時祭祀之事猶親爲之其視濯溉則子孫故序卦注云謂
父退居田里不能備祭宗廟長子當親視滌濯鼎俎是也若
至八十祭亦不爲故王制云八十齊喪之事不及也注云不
齊則不祭也○八十九十曰耄耄者僻謬也人或八十而耄
或九十而耄故並言二時也○注耄惽至及之○正義曰耄
惽忘也也者惽忘即僻謬也○所引春秋案左傳昭元年周景
王使劉定公勞晉趙孟定公勸趙孟纂禹之績廣。樹之功
趙孟對云老夫罪戾朝不謀夕劉子歸語王曰諺所謂老將
知而耄及之者其趙孟之謂乎引之者證老爲耄○七年曰
悼者悼憐愛也未有識慮甚可憐愛也年七歲而在九十後
者以其同不加刑故退而次之也○悼與耄雖有罪不加刑
焉者幼無識慮則可憐愛老已耄而可尊敬雖有罪而同不
加其刑辟也周禮司刺有三赦一曰幼弱二曰老耄三曰惷
愚鄭注云若今時律令未滿八歲八十以上非手殺人他皆
不坐故司刺有三赦皆放免不坐也○百年曰期頤者期要
也頤養也人年百歲不復知衣服飲食寒煖氣味故人子用
心要求親之意而盡養道也頤養也易序卦文大夫七十而

致事者七十曰老在家則傳家事於子孫在官致所掌職事
遂君退還田里也不云置而云致者置是廢絶致是與人明
朝廷必有賢代已也白虎通云臣年七十懸車致仕者臣以
執事趨走爲職七十耳目不聰明是以退老去避賢也所以
長廉遠恥懸車示不用也致事致職於君君不使退而自去
者尊賢也○若不得謝者謝猶聽許也君若許其罷職必辭
謝云在朝日久劬勞歲積是許其致事也今不得聽是其有
德尚壯猶堪掌事不聽去也則必賜之几杖者熊氏云既不
聽致事則祭義云七十杖於朝是也聽致事則王制云七十
杖於國八十杖於朝是也案書傳云七十杖於朝鄭注云朝
當爲國者以其下有八十杖於朝故以朝當爲國也與王制
同並謂聽致事也○行役以婦人者行役謂本國巡行役事
婦人能養人故許自隨也○適四方乘安車者適四方謂遠
聘異國時乘安車安車小車也亦老人所宜然此養老之具
在國及出皆得用之今言行役婦人四方安車則相互也從
語便故離言之耳○自稱曰老夫者若此老臣行役及適四
方應與人語其自稱爲老夫言已是老大夫也必稱老者明
君貪賢之故而臣老猶在其朝也○注几杖至耄矣○正義
曰安車坐乘若今小車者古者乘四馬之車立乘此臣既老
故乘一馬小車坐乘也庾蔚云漢世駕一馬而坐乘也熊氏

云案書傳略說云致仕者以朝乘車輲輪鄭云乘車安車言輲輪明其小也春秋傳曰老夫耄矣者引左傳證老臣對他國人自稱老夫也此是春秋隱四年衛石碏辭也石碏子厚與衛州吁遊吁弑其異毋兄完而自立未能和民欲結強援時陳侯有寵於周桓王州吁與石厚往陳欲因陳自達於周而石碏遣人告陳曰衛國褊小老夫耄矣無能爲也此二人者實弑寡君敢即圖之○於其國則稱名者於其國謂自與其君言也雖老猶自稱名也○注君雖尊異之自稱猶若臣者案玉藻云上大夫曰下臣士相見禮云士大夫於他邦之君曰外臣是上大夫於已君自稱爲下臣於他國君自稱爲外臣又玉藻云下大夫自名又鄭注玉藻云下大夫自名於他國則曰外臣某是下大夫於已君稱名於他國曰外臣某此既自稱老夫宜是上大夫而稱名從下大夫者既彼君尊異故臣亦謙退從下大夫之例而稱名也且玉藻所云是其從下大夫例然臣於君單稱名無嫌也○越國而問焉必告之以其制者越國猶他國也若他國來問已國君之政君雖已達其事猶宜問於老賢老賢則稱國之舊制以對他國之問也○**謀於長者必操几杖以從之**從猶就也○長丁丈反下皆同操七刀反**長者問不辭讓而**

對非禮也當謝不敏若曾子之爲○（疏）謀於至從之○正義曰此一節明有事取謀議於長者各依文解之○操几杖以從之者操執持也杖可以策身几可以扶己俱是養尊者之物故於謀議之時將就也○

凡爲人子之禮冬溫而夏凊昏定而晨省安○定其牀衽也省問其安否何如○夏遐嫁反凊七性反字從冫冰冷也本或作水旁非也衽而審反徐而鴆反席也○

在醜夷不爭醜衆也夷猶儕也四皓曰陛下之等夷○儕仕皆反等也沈才詣反皓元老反四皓園公綺季夏黃公角里先生（疏）凡爲至不爭○正義曰此一節明人子事親奉養之禮又去爭訟今各隨文解之○昏定而晨省者上云冬溫夏凊是四時之法今說一日之法定安也晨旦也應臥當齊整牀衽使親體安定之後退至明旦既隔夜早來視親之安否何如先昏後晨兼示經宿之禮熊氏云晨省者案內則云同宮則雞初鳴異宮則昧爽而朝○在醜夷不爭者此一句明朋儕禮也醜衆也夷猶儕也皆等類之名風俗語不同故兼言之夫貴賤相臨則存畏憚朋儕等輩喜爭勝負亡身及親故宜誠之以不爭○注醜衆至等夷○正義曰醜衆也釋語文謂在衆不忿爭也云四皓曰

陛下之等夷者證夷是等類也四皓漢時隱人高士也其四人一東園公二綺里季三夏黃公四角里先生皆老髮白皓素因呼爲四皓隱商山不仕高祖數召不出後爲高祖欲廢呂后之子盈而立戚夫人之子趙王如意爲太子張良使太子卑辭安車遣辨士以請四皓四皓果來舍建城侯所至漢十一年黥布反高祖令太子將兵擊之四皓自相謂曰凡來欲以安太子太子將兵事危矣乃說建城侯曰太子將兵有功則位不益無功則從此受禍且太子所與諸將皆嘗與上定天下驍將也今使太子將之此無異使羊將狼皆不肯爲用其無功必矣臣聞母愛者子抱之今戚夫人日夜侍御趙王常居前上終不使不肖子居愛子之上明乎其代太子之位必矣君何不急請呂后承閒爲上泣言黥布天下猛將善用兵諸將皆陛下之等夷今令太子將此屬莫肯爲用於是呂后如四皓言以請高祖高祖時疾自行十二年破黥布還而疾益甚愈欲易太子及燕置酒太子侍四皓從太子高祖驚曰吾召公數歲公逃我今反從我兒乎四皓曰陛下輕士善罵臣等義不受辱故恐而亡匿

○**夫爲人子者三賜不及車馬**

三賜三命也凡仕者一命而受爵再命而受衣服三命而受車馬○車馬而身所以尊者備矣卿大夫士之子不受不敢以

成尊比踰於父天子諸侯之子不受自卑遠於君○遠于萬反**故州閭鄉黨稱其孝也兄弟親戚稱其慈也僚友稱其弟也執友稱其仁也交遊稱其信也**不敢垂受賜者心也如此而五者備有焉周禮二十五家爲閭四閭爲族五族爲黨五黨爲州五州爲鄉僚友官同者執友志同者○僚本又作寮了彫反同官者弟大計反下注同**見父之執不謂之進不敢進不謂之退不敢退不問不敢對**敬父同志如事父**此孝子之行也**

【疏】夫爲至行也○正義曰此一節明人子謙卑行著於外所敬又廣今各隨文解之言夫者貴賤悉然也三賜三命也言爲人子雖受三命之尊終不敢受車馬車馬則身有成尊便比踰於父故不受所以許受三命而不許受車馬者命是榮美光顯祖父故受也車馬是安身身安不關先祖故不受也不云不受而云不及者受是已到之日明人子非唯外迹不受抑亦心所不及於此賜也○注三賜至於君○正義曰云三賜不及者受命即受賜故三賜三命故公羊云命

者何加我服錫者何賜也是其命賜將相也云凡仕者一命受爵再命受衣服三命受車馬者皆約周禮大宗伯之文案大宗伯一命受職職則爵也又宗伯三命受位鄭康成云始有列位於王朝今言受車馬者但三命受位即受車馬以經云車馬故以車馬言之云卿大夫士之子不受不敢以成尊比踰於父者以公侯伯卿三命其子不受不敢比於父公侯伯大夫子男卿再命公侯伯士一命子男之士不命其子三命不受車馬者皆是不敢踰於父不言天子諸侯之子不敢受者以其父位既尊不得言不敢比踰故云自卑遠於君案周禮九儀一命受職再命受服三命受位四命受器五命賜則六命賜官七命賜國八命作牧九命作伯案含文嘉九賜一曰車馬二曰衣服三曰樂則四曰朱戶五曰納陛六曰虎賁七曰斧鉞八曰弓矢九曰秬鬯宋均注云進退有節行步有度賜以車馬以代其勞言成文章行成法則賜以衣服以表其德動作有禮賜以納陛以安其體長於教誨內懷至仁賜以樂則以化其民居處修理房內不泄賜以朱戶以明其別勇猛勁疾執義堅強賜之虎賁以備非常抗揚威武志在宿衞賜以斧鉞使得專殺內懷仁德執義不傾賜以弓矢使其專行慈孝父母賜以秬鬯以歸祭祀鄭司農以周禮九命與九賜是一也然則此三賜鄭康成知非九賜之第三而云

三命之賜者康成以九命與九賜不同九賜謂八命作牧九命作伯之後始加九賜知者王制云三公一命卷若有加則賜二曰衣服之屬是也又宗伯八命作牧注云侯伯有功德加命得專征伐王制云賜弓矢然後征詩云瑟彼玉瓚黃流在中傳曰九命然後賜以圭瓚又尚書文侯仇受弓矢秬鬯左傳晉文公受大路戎路弓矢秬鬯虎賁此皆九命之外始有衣服弓矢秬鬯等之賜故知九賜不與九命同也且此云三賜不及車馬其九賜一曰車馬何由三賜不及車馬乎故知此三賜非九賜之三賜也若是九賜之三賜即是身八命九命之尊禮絶凡庶何得下文云州閭鄉黨僚友交遊也故康成以爲諸侯及卿大夫之子三命者其公羊説九賜之次與含文嘉不同一曰加服二曰朱戶三曰納陛四曰輿馬五曰樂則六曰虎賁七曰斧鉞八曰弓矢九曰秬鬯異人之説故文有參差大略同也異義許慎説九賜九命鄭康成以爲不同具如前説其大夫賜樂鄉飲酒注云大夫若君賜樂及左傳魏絳有金石之樂非九賜之正法也車馬之賜進退由於君命今言不受者君子仕辭位不辭禄其物終必受之故鄭注下文不敢受重賜者心也○故州閭至稱其信也周禮司徒去王城百○置遠郊遠郊之内爲六鄉六鄉之民五家爲比使之相保五比爲閭使之相受四閭爲族使之相葬五族

爲黨使之相救五黨爲州使之相賙五州爲鄉使之相賓又遂人職主六遂六遂之民在遠郊之外五家爲鄰五鄰爲里四里爲酇五酇爲鄙五鄙爲縣五縣爲遂今不言六遂者舉近耳若六遂之中有此孝者則亦稱之也○兄弟親戚稱其慈也親指族内戚言族外慈者篤愛之名兄弟外内通稱親疎交接並見其慈而稱之○僚友稱其弟也僚友同官者也弟者事長次弟之名孝子能接同官有所次序不敢踰越等級故同官之友稱之○執友稱其仁也執友執志同者也同師之友意趣相得綢繆切瑳故其見仁恩之心而稱之○交遊稱其信也交遊汎交也結交遊往本資信合故稱信也熊氏云然此五句上始州閭下及交遊亦其次也前孝後信又爲差序略舉五者餘行可知不敢受賜者心也不受由心故有五稱也○見父之執者此亦承爲人子之事也明非惟見交遊爲善乃徧至父友也自上詣下曰見自下朝上曰見父之執謂執友與父同志者也或故往見或路中相見也

○夫爲人子者出必告反必面告面同耳反言面者從外來宜知親之顏色安否○行音下孟反告古毒反○所遊必有常所習必有業緣親之意欲知之恒言不稱老廣敬年

長以倍則父事之謂年二十於四十者人年二十弱冠成人有爲人父之端今四十於二十者有子道內則曰年二十惇行孝弟。冠工喚反惇都温反十年以長則兄事之五年以長則肩隨之肩隨者與之並行差退。差初佳反徐初宜反羣居五人則長者必異席席以四人爲節因宜有所尊〔疏〕夫爲至異席。

正義曰此一節亦明人子事親之法遊方習業及汎交之禮亦各隨文解之。恒言不稱老者老是尊稱若其稱老乃是已自尊大非是孝子卑退之情故注云廣敬言廣者非但敬親因敬親廣敬他人或云子若自稱老父母則甚老則感動其親故舜年五十而慕是也。年長以倍則父事之者此謂鄉里之中非親非友但二十以後年長倍已則以父道事之即父黨隨行也。注謂年至孝弟。正義曰人年三十而娶於後乃有子則三十於六十乃是倍年今鄭言二十於四十者但二十加冠成人責以爲人父爲人子之禮雖未有妻子有爲人父之端又內則云二十乃能敦行孝弟可責以孝子之行故二十於四十約之爲倍年也以二十、未合有子故鄭云爲人父之端有子道也。十年以長則兄事之者謂年二十於三十者全倍者父事之半倍故兄事之也凡事之則正差退而鴈行也○五年以長則肩隨之者謂並行而差退若未二十童子則無此禮以其不能悖行孝弟論語云與先生並行王制云父之齒隨行兄之齒鴈行者舉成人有此禮也童子禮則無也此謂二十於二十五者肩隨則齊於鴈行也然則以此肩隨而推之上云父兄事之豈是溫凊如親正言其或行來坐席推前相類耳○羣居五人則長者必異席者謂朋友居處法也羣朋友也子夏曰吾離羣是也古者地敷橫席而容四人四人則推長者居席端若有五人會應一人別席因推長者一人於異席也○注席以至所尊○正義曰熊氏云知四人爲節者以此云羣居五人則長者必異席既長者一人異席餘則四人矣案公食大夫禮云蒲筵常加萑席尋此以蒲席者故得容四人此羣居之法若賓主禮席皆無同坐之法故鄉飲酒賓介異席又云衆賓之席皆不屬焉不相連屬也鄉射衆賓之席繼而西謂相連屬也燕禮及大射公三重大夫再重是皆異席也○爲人子者居不主奥坐不中席行不中道立不中門

謂與父同宮者也不敢當其尊處室中西南隅謂之奥道有左右中門謂棖闑之中央內則曰由命士以上父子皆異宮

○奥烏報反沈於六反處昌慮反下同棖宜衡反闑也闑魚列五結二反上時掌反凡言以上皆放此

食饗不爲槩槩量也不制待賓客饌具之所有○食音嗣饗本又作享香兩反槩古愛反饌士戀反

祭祀不爲尸尊者之處爲其失子之道然則尸卜筮無父者○爲其音于僞反下注除不爲孤皆同

聽於無聲視於無形恒若親之將有教使然

不登高不臨深不苟訾不苟笑爲其近危辱也人之性不欲見毁訾不欲見笑君子樂然後笑○訾音紫毁也沈又將知反樂音洛

【疏】爲人至苟笑○正義曰此一節明孝子居處及行立待賓祭祀敬慎之事各隨文解之○此明孝子居處閨門之內不言凡者或異居禮則不然○居不主奥者主猶坐也奥者室內西南隅也室嚮南戶近東南角則西南隅隱奥無事故呼其名爲奥常推尊者于閑樂無事之處故尊者居必主奥也旣是尊者所居則人子不宜處之也○坐不中席者一席四人則席端爲上今不云上席而言中者舊通有二一云敬無餘席非唯不可上亦不可中也一云共坐則席端爲上獨坐則席中爲尊尊者宜獨不與人共則坐常居中故卑者坐不得居中也○行不中

道者尊者常正路而行卑者故不得也男女各路路各有中也○立不中門者中央有闑闑傍有棖棖謂之門楔今云不中門者謂棖闑之中是尊者所行故人子不得當之而行也○注謂與至異宮○正義曰凡上四事皆謂與父同宮者爾若命士以上則父子異宮則不禁所以爾者有命既尊各有臣僕子孫應敬已故也云不敢當其尊處者四事皆尊者之處室中西南隅謂之奧者爾雅釋宮文郭璞注云隱奧之處西北隅謂之屋漏孫氏云日光所漏入東北隅謂之宧孫氏云日側之明是宧明也東隅謂之窔郭氏云隱闇也云內則曰由命士以上父子皆異宮者證有異居之道也○食饗不爲槩者熊氏云謂傳家事任子孫若不傳家事則子孫無待賓之事大夫士或相往來設於饗食槩量也不制設待賓饌其事由尊者所裁而子不得輒豫限量多少也○祭祀不爲尸者尸代尊者之處故人子不爲也○聽於無聲者謂聽而不聞父母之聲此明人子常禮也○視於無形者謂視而不見父母之形雖無聲無形恒常於心想像似見形聞聲謂父母將有教使已然也○不苟訾不苟笑者苟且也相毀曰訾不樂而笑爲苟笑彼雖有是非而已苟譏毀訾笑之皆非彼所欲必反見毀辱故孝子不爲也○注爲其至後笑○正義曰危解不登高不臨深辱釋不訾不笑也云君子樂然後笑

者引論語證不苟笑之事也此是公明賈
荅孔子云夫子樂然後笑人不厭其笑也 **孝子不服闇**
服事也闇冥也不於闇冥之中從
事爲卒有非常且嫌失禮也。男女
不登危懼辱親也 爲忘
夜行以燭。瞑本亦作冥 **父母存不許友以死** 親也
莫定反下同卒才忽反
死爲報 **不有私財** 疏 孝子至私財。正義曰此一節明
仇讎 孝子自謹慎其身不許友以死及
不得有私財之事各隨文解之。不服闇者服事也謂不行
事於闇中也一則爲卒有非常一則闇中行事好生物嫌故
孝子深戒之。父母存不許友以死者謂不許爲其友報仇
讎親存存須供養則孝子不可死也若父母存許友報仇怨
而死是忘親也親亡則得許友報仇故周禮有主友之讎視
從父兄弟白虎通云親友之道不得行者亦不許友以死耳
。不有私財者家事統於 **爲人子者父母存冠衣**
尊財關尊者故無私財
不純素 爲其有喪象也純緣也玉藻曰縞冠玄武子姓之
冠也縞冠素紕既祥之冠也深衣曰具父母衣純
以青。純諸允反又之閏反下及注皆同緣悅絹 疏 爲人
反縞古老反沈又古到反紕婢支反徐補移反 至純

素。正義曰此一節明爲人子父母存及孤子衣冠純飾不同之事各隨文解之不言凡者若仕者或遭凶荒雖親存亦須素服非要在親没故不言凡。父母存冠衣不純素者冠純謂冠飾也衣純謂深衣領緣也禮具父母大父母存冠衣純以繢若有父母無大父母則純以青若少而并無則乃純素也故親存者不得純素也。注爲其至以青。正義曰引玉藻縞冠玄武子姓之冠證冠純有吉凶之别也縞冠者薄絹爲之玄武者以黒繒爲冠卷也子姓者姓生也孫是子所生故謂孫爲子姓父有服未畢子雖已除猶未全吉也故縞冠玄武玄武是吉縞冠爲凶明吉凶兼服也何胤云繒裹卷武也云縞冠素紕既祥之冠也又證有素爲凶也當祥之日朝服縞冠祥祭之後則縞冠素紕何胤云素紕謂緣冠兩邊云深衣曰具父母衣純以青者引證不純以素之事

孤子當室冠衣不純采

早喪親雖除喪不忘哀也謂年未三十者三十壯有室有代親之端不爲孤也當室適子也深衣曰孤子衣純以素。早喪息浪反適丁歷反【疏】孤子至純采。正義曰上言有親而不素此言無親而素者也孤子謂二十九以下而無父者當室謂適子也既少孤故雖除服猶自素也然深衣云孤子衣純以素則嫡庶悉然今云當室則似庶子不同所以

爾者通者有二云凡子皆然豈唯當室但嫡子內理蒸嘗外交宗族代親既備嫌或不同故特明之所以鄭引深衣爲注會證凡孤子悉同也崔靈恩云指謂當室。不當室則純采所以然者當室之孤內理蒸嘗外交宗族所履之事莫不傷心故特純素示哀也深衣不云當室者文略耳。注早喪至以素。正義曰三十以外遭喪者除服後即得純采今所言雖是除喪未三十不得純采若至三十則亦采也故云當室適子也深衣曰孤子衣純以素也然注前解適子後引深衣似崔解也深衣不言冠者從可知也

○幼子常視毋誑視今之示字小未有所知常示以正物以正教之無誑欺。視音示誑本或作迋注同九況反欺也

童子不衣裘裳裘大溫消陰氣使不堪苦不衣裘裳便易。衣於既反下同大音泰徐他佐反便婢面反易以豉反

立必正方

不傾聽習其自端正

長者與之提攜則兩手奉長者之手習其扶持尊者提攜謂牽將行。提大兮反攜戶圭反奉芳勇反又扶恭反下及注奉扃奉席奉箕皆同

負劍辟咡詔之負謂置之於背劍謂挾之於旁辟咡詔之謂傾頭與語口旁曰咡。辟匹亦反

側也徐芳益反沈扶赤反注°同呷徐如志反何云口耳之間曰呷挾音協
則掩口而對習其鄉尊者屏氣也○掩於檢反鄉許亮反本又作嚮後文注皆同屏必領反
（疏）幼子至裘裳○正義曰此一節明父母教
子及衣裘裳之法也各隨文解之○小兒恒習效長者長者
常示以正事不宜示以欺誑恐即學之故曾于兒啼妻云兒
莫啼吾當與汝殺豕兒聞輒止妻後向曾子說之曾子曰勿
教兒欺即殺豕食兒是不誑也○注視今之示字○正義曰
古者觀視於物及以物視人則皆作示傍著見後世已來觀
視於物作示傍著見以物示人單作示字故鄭注經中視字
者是今之以物示人之示也是擧今以辨古昏禮視諸衿鞶
注云視乃正字今文視作示俗誤行之言視正字也言古之
以物示人作視字爲正故云視乃正字今文儀禮應爲古視
字乃作今示字故言俗誤也○童子不衣裘裳者童子未成
人之名也衣猶著也童子體熱不宜著裘裘大溫傷陰氣也
又應給役若著裳則不便故並不著也故童子並緇布襦袴
也○注裘大至便易○正義曰使不堪苦者熱消陰氣則不
堪苦使也此童子不衣裘裳二十則可故内則云二十可以
衣裘帛國君十二冠則裘裳早矣女子十五許嫁者則亦衣
帛詩云乃生男子載衣之裳是初生暫行此禮○立必至而

對○立必正方立宜正嚮一方不得傾頭屬聽左右也張逸云此說其威儀常然○長者與之提攜則兩手奉長者之手者非唯教之聽立至於行步亦宜教之提攜謂牽將行時因牽行之又教之爲節也奉長者之手爲兒長大方當供養扶持長者故先使學之令習便也張逸云說其見與行之法也○負劒辟咡詔之者豈但在行須教正在抱時亦令習也負謂致兒背上也劒謂挾於脇下如帶劒也辟傾也咡口旁也詔告也長者或若負兒之時而與之語當傾頭以告之也不正嚮之令氣不觸兒也亦令見長者所爲而復習之也張逸云辟咡詔之傾頭以告教之也此長者之爲也此負謂兒在人背上曰負兒在懷中亦稱負謂兒負之故內則云三日始負子注云負之謂抱之○注口旁曰咡○正義曰案管子書弟子職云食已循咡覆手謂弟子食訖以手循覆於咡故知是口旁也○則掩口而對者嚮長者告語之此是童子荅長者童子雖未能掩口而對長者亦教其爲之其禮以爲後法掩口恐氣觸人張逸云謂令小者如是所習嚮尊者屏氣也

附釋音禮記注疏卷第一

大清嘉慶二十年重刊宋本用文選樓藏本校

南昌盧氏宣旬校定

江西南昌府學栞

禮記注疏挍勘記序

小戴禮記隋唐志並二十卷唐石經所分是也貞觀中孔穎達等爲正義舊新唐志皆云七十卷晁氏讀書志陳氏書錄解題皆同案古人義疏皆不附於經注而單行猶古春秋三傳詩毛傳不附於經而單行也單行之疏北宋皆有鐫本今厪有存者儀禮穀梁爾雅間存藏書家而他經多亡正義多附載經注之下其始謂之兼義其後直謂之某經注疏其始本無釋文其後又附以釋文謂之附釋音某經注疏最後又去附釋音三字蓋皆紹興以後所爲而北宋無此也有在兼義之先爲之者今所見吳中藏本有春秋禮記二種春秋曰

春秋正義卷第幾禮記曰禮記正義卷第幾皆不標爲某經注疏其卷數則春秋三十六卷禮記七十卷皆與唐志正義卷數合蓋以單行正義爲主而以經注分置之此紹興初年所爲非如兼義注疏之以經注爲主而以疏附之既不用經注之卷數又不用正義之卷數春秋爲六十卷禮記爲六十三卷遂使唐人正義之卷次不可知蓋古今之遷變如此禮記七十卷之本出於吳中吳泰來家乾隆閒惠棟用以挍汲古閣本識之云譌字四千七百有四脱字一千一百四十有五闕文二千二百一十有七文字異者二千六百二十有五羨文九百七十有一點勘是正四百年來闕誤之書犂然備

具爲之稱快今記中所云惠棟挍宋本者是也其眞本今藏曲阜孔氏近年有巧僞之書賈取六十三卷舊刻添注塗改綴以惠棟跋語鬻於人鏤板京師者乃膺本耳今屬臨海生員洪震煊以惠棟本爲主並合元舊挍本及新得各本考其異同。元復定其是非爲挍勘記六十有三卷釋文則別爲四卷後之爲小戴學者庶幾有取於是阮元記

引據各本目錄

經本

石經 唐開成二年刻石所謂唐國子學石經是其中虎淵世民豫誦純恒湛等字及偏傍涉者皆缺末一筆惟月令經明皇更定與本經乖違不足據

南宋石經　宋高宗御書禮記止中庸一篇今又止存一碑自必自邇譬如登高起至篇末止

經注本

岳本　宋岳珂刻本　武英殿翻刻仿宋本

嘉靖本　此本不著刊板人姓氏書分二十卷每卷後記經若干字注若干字段玉裁定爲嘉靖時仿宋刻本但中如曲禮上情不正之言五字羼入正義檀弓下曹桓公依注音宣一條羼入釋文即宋本當亦在附音本之後

注疏本

附釋音本　此即所謂十行本據十行本以挍各本故又稱十行本爲此本此本爲南宋時原刻中有明正德時補頁山井鼎即據以爲正德本是也

閩本　明嘉靖時閩中李元陽刻每頁中縫著記疏字尚沿十行本舊式七經孟子考文補遺所稱嘉靖本是也

監本　明神廟時國子監刻本每卷首有監臣田一儁吳士元等挍刊重脩字樣

毛本即汲古閣本書末有明崇禎十二年歲在屠維單閼古虞毛氏鐫題字一行

衞氏集說宋衞湜禮記集說通志堂刻本其中載注疏不全亦間有刪節改次不可盡據惟當其未經刪節改次之處所據之本究係眞宋本

挍本

惠棟挍宋本宋刊本禮記正義七十卷不附釋音惠棟據以挍汲古閣本

盧文弨挍本

孫志祖挍本挍汲古閣本

段玉裁挍本挍監本

考文宋板日本山井鼎物觀七經孟子考文補遺所載宋板禮記正義與惠棟挍所據宋本是一書間有不合處不及千分之一亦傳寫之譌非二書有不同也茲旣據惠棟挍宋本凡惠棟挍所有者不復載入必惠棟挍所無者始

采之

浦鏜挍本 浦鏜十三經正誤禮記正誤十五卷其以各本挍者仍歸各本錄其以意挍爲各本所無而不誤者稱浦鏜挍

釋文

通志堂本 經典釋文禮記音義

葉本 明葉林宗影寫宋本

撫州公使庫本 宋淳熙四年刊本

禮記注疏卷一挍勘記　阮元撰盧宣旬摘錄

禮記正義序

國子祭酒上護軍曲阜縣開國子臣孔穎達等奉敕撰　此本序題如此與七經孟子考文所記宋板題式同敕字提行閩本同監本改題唐孔穎達撰五字毛本因之非舊式也

燔黍則大享之濫觴　閩監毛本同嘉善浦鏜正誤云享當烹字誤按大享見書盤庚享與饗通大饗見本經者多矣浦鏜非是

而國異家殊　閩監毛本同惠棟挍宋本而作然○凡惠棟挍宋本與監本同者不載

俱以所見　惠棟挍宋本作俱閩監毛本作是此本俱字闕

各記舊聞　閩本同監毛本聞誤門

南人有賀循賀瑒庾蔚崔靈恩沈重宣皇甫侃等北人有徐道明李業興李寶鼎侯聰熊安等閩監毛本同盧文弨挍本蔚下補之字浦鏜從衞氏集說宣上補范字安下補生字皆是也○按道明當作遵明

恐獨見膚淺閩監毛本作膚此本膚誤虜

禮記正義此本於禮記正義序之後別出此篇目閩本脫監毛本無

夫禮者經天地至不復繁言也案此篇即曲禮二字下正義考文於曲禮二字下正義云正德嘉靖二本以此一段別題禮記正義四字以在正義序後亦爲重複也指此篇

附釋音禮記注疏卷第一惠棟挍宋本作禮記正義卷第一

國子祭酒上護軍曲阜縣開國子臣孔穎達等撰惠棟挍宋板撰上有奉勑二字勑字提行

國子博士兼太子中允贈齊州刺史吳縣開國男臣陸

德明釋文 案七十卷正義不附音釋無此行題名此本附釋音故兼題之如此此閩本始變此本題式於首行去附釋音三字又削去二臣署銜改題曰漢鄭氏注唐孔穎達疏陸德明釋文監本又削去陸德明釋文五字毛本因之又改卷第一爲卷之一皆不如此本原題之善

禮記 閩監毛本同考文云宋板無禮記二字案此禮記二字不當冠此節正義上當次在曲禮上第一下如此本二卷以後題式庶爲得之

正義曰夫禮者 閩監毛本同考文引宋板無正義曰三字

故禮運云夫禮必本於大一 惠棟挍宋本同閩監毛本大作太案禮運作大經典太字多作大荀子禮論以歸大一楊倞注云大讀爲太

天皇之先與乾曜合元 閩監毛本同浦鏜云元繹史作德天皇下有氏字案今本通卦

驗天皇作太皇元亦作元元鄭注謂皇君也元天之始也不當如繹史所引

君之用事五行王亦有五期 閩監毛本同浦鏜云君疑天字誤王當皇字誤案今本通卦驗鄭注作君字與此同又王上有代字然則王當讀爲生王之王浦鏜說非也

遂皇謂遂人 閩監毛本同浦鏜從周禮序挍遂人改人皇案通卦驗又云燧人之皇故可稱遂皇可稱遂人可稱人皇其實一也疏下文云自人皇初起人皇即遂皇也使此處已作遂皇謂人皇下又何必申言人皇即遂皇也

至伏犧始作十二言之教 閩監毛本同案左氏定四年傳正義引慮義作十言之教曰乾坤震巽坎離艮兌消息此疏二字誤衍段玉裁挍本云二字衍是也

一紀二十七萬六千年 七六二字誤倒段玉裁云禮運正義可證也

方叔機注六藝論云 閩監毛本同惠棟挍宋本機作璣

案封禪云 閩監毛本同惠棟挍宋本云作書

禮理起於太一 閩監毛本同惠棟挍宋本太作大下其禮理起於太一同按作大是

統之心體以齊正於物故爲體 惠棟挍宋本作爲體此本爲體誤爲禮閩監毛本同

然周既禮道大用 閩監毛本同浦鏜挍云用疑備字誤

案孝經說云經禮三百 閩監毛本同惠棟挍宋本經禮作禮經

或一篇一卷 閩監毛本同惠棟挍宋本或作故

七十二子之徒共撰所聞 惠棟挍宋本有子字此本子字脫閩監毛本同衛氏集說亦作七十二子之徒

其周禮儀禮是禮記之書 閩監毛本同案此是禮記之是猶下則此禮記是也之此

非謂周禮儀禮皆爲禮記也浦鏜從衞氏集說按於是上補亦字大誤

楊榮字子孫仁爲大鴻臚閩監毛本同惠棟按宋本孫仁二字到山井鼎云漢書儒林傳注子孫楊榮字宋板爲非仁卽橋仁○按宋刻漢書作楊子榮子孫師古曰子孫子榮之字也

其周官者始皇深惡之閩監毛本同惠棟按宋本皇誤星之字脫

鄭衆賈逵往授業焉閩監毛本同衞氏集說授改受杜佑通典亦云鄭衆賈逵皆往受業

曲禮上第一閩監毛本同按此下當有禮記鄭氏注五字石經嘉靖本皆有正義本亦當有觀此節正義云禮記者一部之大名曲禮者當篇之小目既題曲禮於上故著禮記於下以配注耳是解曲禮二字又鄭氏者姓鄭名元云云是解鄭氏二字注者卽解書之名云云是解注字皆隨文詮解也此本二卷以後題當篇小目下多有禮記鄭氏注五字亦刪除之不盡者釋文出曲禮云本或作曲禮上者後人加也正義本從作曲禮上所謂上者對下生名本以語多簡策重大分爲上下是也

然鄭亦附盧馬之本而爲之注 閩監本同毛本鄭誤後案考文引宋板亦作鄭

曲禮曰節

儼若思 閩監毛本同石經同岳本同嘉靖本同釋文出嚴云本亦作儼正義本作儼○按儼正字嚴假借字

乘玉路不式 閩監毛本同浦鏜按玉改王

敖不可長節

敖不可長欲不可從 閩監毛本同石經同岳本同嘉靖本同考文引古本敖作傲從作縱案古傲縱多止作敖從釋文出敖字並引王肅遨遊訓遨遊泆不作傲字出可從云放縱也以縱訓從知亦不作縱也

敖不至可極 閩監毛本同惠棟按宋本無此五字

必由乎此 閩監毛本同惠棟按宋本乎作於

玉杯象箸之等 閩本同監毛本箸作著案作箸是也

唯有民隊塗炭淫於妹嬉之事 惠棟挍宋本同閩本隊作墜監毛本隊作墜嬉作喜

賢者狎而敬之節

雖有貴戚近習 閩監毛本同岳本同嘉靖本同案釋文出貴㦸云音戚本亦作戚正義本作戚

晉咎犯 閩監毛本同岳本同惠棟挍宋本咎作舅嘉靖本同宋監本同案作咎者釋文本也作舅者正義本也今正義本亦作咎則後人依釋文改之疏中舅字尚仍其舊衞氏集說亦作晉舅犯○凡宋監本與監本同者不載

彼已俱疑而已成言之 閩監毛本同嘉靖本同惠棟挍宋本已作己宋監本同岳本同案已己二字不同惟唐石經及宋本不誤此本以下率混作之此當作己下已若不疑同後可意會者不出

賢者至勿有 惠棟挍宋本無此五字

賢是有德成之稱閩監毛本同浦鏜謂成字衍從衞氏集說也

不在四科而子路入四科監毛本如此此本而上誤間一○閩本同

憎謂已所嫌慢閩監毛本同惠棟按宋本已作已考文云宋板慢作恨

若祁奚知其解狐是也惠棟按宋本同閩監毛本其下有仇字

今謂已有畜積惠棟按宋本畜同已作已閩監毛本畜作蓄案古蓄多作畜

鄭國飢子皮貸民粟戶一鍾閩監毛本同浦鏜按飢改饑鐘改鍾案五經文字云饑穀不熟飢餓也經典或借用飢字是飢饑二字通也

有害以否惠棟按宋本同閩監本以作與毛本作於案以與與於一聲之轉詩擊鼓不我以歸鄭箋以猶與也儀禮鄉射各以其耦進鄭注今文以為與以古文與今文於誤字○按唐人正義多作以否

而有小小閱很閩本同惠棟按宋本同監毛本而作如案而如一聲之轉古通用

不知爲不知也　閩監毛本同惠棟挍宋本也上有是知二字考文引宋板不知也下有是知也三字

若夫節

晉士匄　閩監毛本同岳本同嘉靖本同釋文出士丏云本亦作匄正義本亦作匄是也丏別爲一字音彌兗切

若夫至從俗　惠棟挍宋本無此五字

退而蒐乘　此本乘字模糊監毛本作乘閩本作集非

齊侯還卒　閩本同監毛本還作環是也

故云不可常也　惠棟挍宋本作也此本也誤云閩監毛本同

夫禮者節

夫禮至往教　惠棟按宋本無此五字

女君爲妾若報之則太重　惠棟按宋本同閩監毛本報誤服案喪服有報程瑤田云報者同服相爲之名是故以期報期以大小功報大小功以緦報緦無此重彼輕之殊故謂之報三本不知報義妄改爲服誤甚

是決嫌疑者孔子之喪　閩監毛本同惠棟按宋本嫌下有也字無疑者二字是也衛氏集說同

若主人未斂　閩監毛本同考文引宋板斂上有小字○按檀弓有小字

不辭贊者　閩監毛本同惠棟按宋本無者字

禮以文飾　閩監毛本同考文引宋板以下有爲字○按當作文下有爲字考文誤

禮聞來學不聞往教　惠棟按宋本此節以上爲第一卷卷末標禮記正義卷第一終案各本俱六十

三卷故無此標題惠棟又記云凡十三頁

道德仁義節　惠棟按宋本自此節起至幼子常視毋誑節止爲第二卷卷首題禮記正義卷第二

分爭辨訟　石經同嘉靖本同閩監毛本辨作辯岳本同釋文出辯訟衛氏集說亦作辯案五經文字云辯理也辨別也經典或通用之此注辨訓別固當以辨爲本字也

涖官行法　石經同宋監本同岳本同嘉靖本同閩監毛本法作灋衛氏集說同案釋文不爲灋字作音是亦作法不作灋盧文弨按云此書不應用周官字俱當作法爲是

供給鬼神　閩監毛本同石經同岳本同嘉靖本同釋文出共給云本或作供正義本作供賈誼新書禮篇亦作供給○按供給字古亦借共字爲之

是以君子恭敬撙節退讓以明禮　各本同案說文無撙字錢大昕云撙當爲剸說文剸

減也又荀子不苟篇恭敬縛屈仲尼篇尊貴之則恭敬而僔其義皆與撙同○按剸撙古今字

撙猶趨也 段玉裁云案趨同趣疾也當音促非趨走之趨

鸚鵡能言 閩監毛本同石經同岳本同嘉靖本同釋文出嬰母云本或作鸚鵡正義本作鸚鵡○按說文作鸚䳇

不離禽獸 閩監毛本同石經同岳本同釋文出禽獸云盧本作走獸案正義云鸚鵡不曰獸而猩猩通曰禽是正義本從作禽之證

是故聖人作 閩監毛本同岳本同嘉靖本同衛氏集說同石經故作以考文引古本足利本同

道德至禽獸 惠棟挍宋本無此五字

不用禮無由得成 惠棟挍宋本作禮此本禮誤理閩監毛本同

小異大同分爭辨訟 閩監本同惠棟挍宋本同毛本分上有○

爭則萬事通名惠棟挍宋本有爭字此本脫爭字閩監毛本同

是學職事爲官也閩監毛本同惠棟挍宋本官作宦案此本注疏中宦字皆作官卽經文宦字亦爲有修改疑初是官字後改作宦若閩監毛本則皆作宦唯此一字尚仍作官也

祠謂報塞惠棟挍宋本同閩監毛本塞作賽案文選勸晉王牋云西塞江源李善注塞謂報神恩也後漢書曹節傳云詔大官給塞具李賢注塞報祠也是古報賽通作邊塞字○按周禮注正作塞塞賽古今字

旣道德仁義已下閩監毛本同浦鏜挍旣作自

今交阯封谿縣閩監本同毛本阯作趾案交趾古通作交阯說文無趾字爾雅釋木注交阯釋文云本亦作趾

以禽作六摯閩監毛本作摯此本摯誤鷙考文引宋板作贄五經文字云摯握持也經典通以爲執摯之摯與贄同○按依說文當作𡠗假借作摯

禽者鳥獸之總名 按白虎通是也王用三驅失前禽則驅者亦曰禽矣

太上貴德節

太上貴德 衞氏集說亦作太閩監毛本太作大石經同岳本同嘉靖本同案釋文出大云音泰五經文字大爲太假借字經典通用○按大太古今字

負販者尤輕恌志利 閩監毛本作恌岳本同嘉靖本同此本恌誤桃釋文作佻

宜若無禮然 惠棟按宋本同宋監本同岳本同嘉靖本同衞氏集說同閩監毛本然誤焉考文引古本足利本亦作然

大上至不懾 惠棟按宋本無此五字

故詩緯含神務 閩監毛本同惠棟按宋本務作霧不誤

皇道帝德非朕所事 惠棟按宋本作事此本事誤專閩監毛本同

人生十年曰幼節。

二十曰弱冠三十曰壯有室閩監毛本同岳本同嘉靖本同石經二十作廿三十作卅案說文廿二十并也卅三十并也古文省○按段玉裁云廿讀如入卅讀如颯秦刻石文如是并爲一字則不讀爲兩字也

六十曰耆石經作耆岳本嘉靖本監毛本並同此本耆誤耆閩本同五經文字云耆從老省從旨今或作老下目非則知作耆俗字其來已久衛氏集說亦作耆

八十九十曰耄閩監毛本同岳本嘉靖本同石經耄作耄衛氏集說同釋文出八十九十曰旄云本又作耄注同案耄正字耄俗字旄假借字正義本當從作耄釋文又云本或作八十曰耋九十曰旄後人妄加之錢大昕云曲禮有曰耋二字者當是古本而陸氏以爲後人妄加蓋失之矣臧琳經義雜記鄭注本則無曰耋二字故曲禮注不解耋字或又益之鄭本陸氏所以斥爲妄加也案疏云人或八十而耄或九十而耄故並言二時是正義本無曰耋二字○按宋監本作耄後同依說文當作薹從老蒿省聲

耄惛忘也監毛本同岳本同閩本惛作惽案衛氏集說亦作耄惛忘也嘉靖本惛作㥾

亦明君貪賢閩監毛本同岳本同惠棟按宋本貪作尊嘉靖本同儀禮經傳通解同案考文引古本足利本亦作尊

人生至其制惠棟按宋本無此五字

九年教之數日惠棟按宋本作日此本日誤曰閩監毛本同

冠禮云棄爾幼志閩監毛本同衛氏集說同惠棟按宋本禮作義案棄爾幼志四字見儀禮士冠禮禮記冠義無之宋本非也

十五已下閩監毛本同惠棟按宋本已作以案以與已字本同見檀弓下注詩文王傳帝乙已上

論其四面穹隆則宮案則下脫曰字

參天兩地而倚數焉閩監毛本如此此本地下誤衍而地二字倚誤奇案易說卦釋文蜀

才本作奇此非用渕本但偏旁省耳

年耆既艾　閩監毛本同浦鏜云北史作堯年耆艾

賀瑒云　閩監毛本作瑒此本瑒誤埸

故引宗子之父也　閩監毛本同浦鏜挍云引當云字誤

廣樹之功　閩監毛本如此此本樹上誤隔一〇考文云宋板作廣遠樹之功

老已耄而可尊敬　閩監毛本同衛氏集說而作則

八年百歲　閩監毛本同考文引宋板年作生

安車坐乘若今小車者　閩監本同毛本安誤坐考文引宋板作安

謀於長者節　惠棟云宋本此節經長者問至凡爲人子者節疏不敢以成尊比踰於父止闕

几可以扙己　閩本同監毛本扙作扶衛氏集說同

故於謀議之時將就也閩監毛本將作持考文引宋板持作將正德本同

凡爲人子之禮節

安定其牀衽也閩監毛本衽作袵此本衽誤在岳本安定作定安嘉靖本同考文引宋板同通典六十八同案以安其牀衽訓定字與以問其安否何如訓省字文法同岳本爲是正義亦云定安也

四角里先生閩本同監毛本角作甪盧文弨禮記音義攷證云甪係俗字宋本作角角李匡乂資暇錄云漢四皓其一角里先生角音祿今多以覺音呼誤也至於改角爲甪里則訛謬矣案今所刻隸釋有四老神坐机作甪里乃沿俗誤寫非必本來如此

四皓果來舍建城侯所閩本同監毛本城作成下乃説建城侯同案建成侯呂澤也今史記漢書成字俱無土旁

夫爲人子者三賜不及車馬節

車馬而身所以尊者備矣。閩監毛本同岳本同嘉靖本同考文引古本足利本車馬上有受字衞氏集說同

不敢重受賜者心也如此閩監毛本亦誤作重受此本賜誤晹此誤北考文引宋板古本足利本作受重岳本嘉靖本同案受重與疏合

執友志同者閩監毛本同岳本同嘉靖本同考文引古本足利本志上有執字案執志同者與疏合

見父之執閩監毛本同石經同岳本同考文引古本足利本執下有友字案疏云父之執謂執友是正義本執下亦無友字

夫爲至行也惠棟挍宋本無此五字

受是已到之日閩監毛本同考文引宋板日作目

云三賜不及者閩監毛本同考文引宋板不及作三命

是其命賜相將也監毛本作相將此本相將二字倒閩本同

以代其勞公羊莊元年疏引作以代其步

內懷仁德公羊疏引作內懷至仁

使其專行閩監毛本行作征公羊疏引作使得專征

以歸祭祀公羊疏引作使之祭祀

鄭司農以周禮九命與九賜是一也閩監本同毛本周誤九

而云三命之賜者閩監毛本云誤亡惠棟挍宋本作云考文引宋板作云並與此本同毛本三字闕上二畫似一字

其物終必受之閩監毛本同惠棟挍宋本物作賜

去王城百里置遠郊惠棟挍宋本作百里置此本里字脫閩監毛本脫置字毛本去誤云

事長次弟之名閩監毛本弟作第案說文次弟字本作弟。

綢繆切瑳閩監毛本瑳作磋案磋字說文所無陸氏大學釋文亦作如瑳然大學經疏自作磋此處正義或從瑳二字亦通用也

故稱信也熊氏云閩監毛本熊氏上誤隔一○考文引宋板與此本同

夫爲人子者出必告節

恒言不稱老恒字闕筆閩本同監本作恆毛本作恒岳本作恒石經此恒字漶滅以他處定之此恒字亦當作恒顧炎武謂避穆宗諱是也此本尚沿其缺筆耳

以二十未合有子閩監毛本作合此本合誤今

則正差退而鴈行也閩監本同毛本鴈作雁下鴈行同案依說文當從雁段玉裁云許意隹部雁爲鴻雁鳥部鴈爲鵝

爲人子者居不主奥節

道有左右此本左字闕閩監毛本作左通典六十八左誤宅

爲其失子之道閩監毛本同岳本同衞氏集説無之字嘉靖本同宋監本同

不臨深閩監本同石經同岳本同毛本深作㴱五經文字云㴱説文深經典相承隸省○按依説文當作突突㴱古今字説詳段玉裁説文注

不苟笑閩監毛本同岳本作笑石經作笑案説文竹部笑解闕五經文字笑從竹下犬九經字樣謂笑本字笑經典相承

人之性不欲見毀訾閩監本同岳本嘉靖本同衞氏集説同毛本欲誤敢考文引宋板古本足利本亦作欲通典六十八同

爲人至苟笑惠棟挍宋本無此五字

常推尊者于閑樂無事之處閩監本同毛本閑作間案閑間古通用顏氏家訓書證篇云古無二字又多假借以中爲仲以間爲閑如此之類亦不勞改是也

故尊者居必主奧也閩監毛本同考文引宋板主作至按至字非

東北隅謂之宧惠棟挍宋本同閩監毛本宧誤宵

東南隅謂之窔惠棟挍宋本有南字此本南字脫閩監毛本同

大夫士或相往來閩監毛本同考文引宋本來作者

孝子不服闇節

闇冥也閩監毛本同岳本嘉靖本同釋文出暝云本亦作冥正義本從作冥通典六十八亦作冥也

男女夜行以燭閩監毛本同岳本同衞氏集說同考文引古本足利本男上有禮字通典六十八禮字亦無

死爲報仇讎 閩監毛本如此岳本嘉靖本同衛氏集說同此本讎誤有考文引古本爲作謂

孝子至私財 惠棟挍宋本無此五字

自謹愼其身不許友以死 閩監本同毛本死誤私考文引宋板作死是也

爲其友報仇讎親存存須供養 閩監毛本親上有也字存字不重是也

白虎通云親友之道不得行者 閩監毛本同浦鏜挍謂親爲朋誤道下脫親在二字

爲人子者父母存節

冠衣不純素 閩監毛本同岳本同石經純字缺筆作紣後同顧炎武云避憲宗諱

爲人至純素 惠棟挍宋本無此五字

具父母大父母存冠衣純以繢 閩監毛本作繢此本繢作貴省去糸旁非也浦

鐙云存字衍○按浦鐙是也否則與深衣不合

孤子當室節

孤子至純采　惠棟挍宋本無此五字

指謂當室　閩監毛本同考文引宋板當室下有者字

幼子常視母誑節

幼子至裘裳　惠棟挍宋本無此五字

故曾子見啼妻云　監毛本作妻此本妻誤篓閩本同衞氏集說不誤

以物示人單作示字　閩監本同毛本以誤於

所習嚮尊者屏氣也　惠棟挍宋本此下另行標禮記正義卷第二終又記云凡十九頁

禮記注疏卷一挍勘記

附釋音禮記注疏卷第二

曲禮上

禮記　鄭氏注　孔穎達疏

從於先生不越路而與人言尊不二也先生老人教學者○從才用反下皆同

遭先生於道趨而進正立拱手為有教使○拱俱勇反

先生與之言則對不與之言則趨而退為其不欲與己並行

從長者而上丘陵則必鄉長者所視為遠視不察有所問○上時掌反下同

疏從於至所視○正義曰此一節明事師長之禮并自恭謹之法今各隨文解之○從於先生者謂從行時先生師也謂師為先生者言彼先已而生其德多厚也自稱為弟子者言已自處如弟子則尊師如父兄也故公西華子夏之徒荅孔子皆自稱弟子也雷次宗以為師如父兄故自稱弟子也今明若從師行不得輒往路

傍與他人言也而論語云有酒食先生饌則先生之號亦通父兄崔靈恩云凡言先生謂年德俱高又教道於物者凡云長者直以年爲稱也儿言君子者皆爲有德尊之不據年之長幼故所稱不同也○遭先生至拱手者此明道路與師長相逢之法遭逢也趨疾也拱手見師而起敬故疾趨而進就之也又不敢斥問先生所爲故正立拱手而聽先生之教○注先生老人教學者○正義曰案書傳略說云大夫士七十而致仕大夫爲父師士爲少師教於州禮鄉射注云先生鄉大夫致仕者此云老人教學者則通凡老而教學者是未必皆致仕者○與之言則對者此謂問時事之言則對若問已大事則辭讓然後對故前文云長者問不辭讓而對非禮也○則必鄉長者所視者長者東視則東視長者西視則西視從先生君子亦然

登城不指城上不呼爲惑人○呼火故反號叫也

將適舍求毋固謂行而就人館固猶常也求主人物不可以舊常致時乏無周禮土訓辨地物原其生以詔地求其類

將上堂聲必揚警內人也○警京領反

疏將適舍求毋固○正義曰自此以下雖從師長兼明爲賓客禮也適猶往也舍主人家也固猶常也凡往人家不可責求於主人覓常舊有之

物故曰求毋固也○注周禮至其類○正義曰案地官土訓職云辨地物鄭注云別其所有所無原其生者生有時以告王之求也若地所無及物未生則不求與此相類也故引之證求毋固也戸外有二屨言聞則入言不聞則不入將入戸視必下入戸奉扃視瞻毋回不于掩人之私也奉扃敬也○屨紀具反單下曰屨闔音問又如字下同視常止反下同徐音示沈又市志反扃古螢反何云關也一云門扇上鐶鈕瞻毋徐音如字戸開亦開戸闔亦闔不以後來變先○闔胡臘反有後入者闔而勿遂示不拒人○拒其許反毋踐屨毋踖席摳衣趨隅必愼唯諾趨隅升席必由下也愼唯諾者不先舉見問乃應○踖在亦反一音席躐也摳苦侯反提也下及注同趨七俱反向也注同本又作走徐音奏又如字唯于癸反應辭也注同徐于比反沈以水反諾乃各反應應對之應

疏 戸外至唯諾○正義曰此一節明謂室有兩人故戸外有二屨此謂兩人體敵故二屨在外知者以鄉飲酒無筭爵賓主皆降脫屨於堂

下以體敵故也若尊卑不同則長者一人脫屨於戶內故少儀云排闔脫屨於戶內者一人而已矣是也案屨人注云複下曰舄禪下曰屨古人言屨以通於複今世言屨以通於禪如鄭此言古人之言無問禪之與複皆名爲屨今人言屨一正謂禪者也○言聞則入言不聞則不入者若一屨有一人一人無非法之私事則外人可即入若有二屨二屨是有二人或淸開密事若內人語聞於戶外則外人乃可入也熊氏以爲一人之屨在戶內其戶外有二屨則三人也下文云離坐離立無往參焉則知戶內二人不得參之故知戶外有二屨者當有三人義亦通也○將入戶視必下者雖聞言而入亦不得擧目而視恐覩人私故必下○入戶奉扃者奉扃之說事有多家今謂禮有鼎扃所以關鼎今關戶之木與關鼎相似亦得稱扃凡常奉扃之時必兩手向心而奉之今入戶雖不奉扃木其手若奉扃然以其手對戶若奉扃言恭敬故言奉扃也是以注云奉扃敬也○視瞻毋回者初將入時視必下而竟不得迴轉廣有瞻視也○戶開亦開者旣入戶不以後來變先若戶本開則今入者不須闔也○戶闔亦闔者戶若本闔則今入者不須開也○有後入者闔而勿遂者有後入者謂已於先入後猶有人又應入者也雖已應還闔當徐徐欲作闔勢以待後人不得遂闔以成拒後人故注云示不

拒人○毋踐屨者踐蹋也既並脫屨戶外其人或多若後進者不得蹋先入者屨○毋踖席者踖猶躐也席既地鋪當有上下將就坐當從下而升當己位上不發初從上從上爲躐席也玉藻云升席升席不由前爲躐席也熊氏以爲躐席猶逆席也逆席謂從上升故鄭云必由下玉藻所云者自是不由席前升與此別○摳衣趨隅者摳提也衣裳也趨猶向也隅猶角也既不踖席當兩手提裳之前徐徐向席之下角從下而升當己位而就坐也○必慎唯諾者唯𠯑也𠯑諾應對也既坐定又慎於應對○注趨隅至乃應○正義曰案鄉飲酒云賓升席自西方注云升由下也升必中席彼謂近主人爲上故以主西爲之下凡席皆升由下降由前云慎唯諾者不先舉見問乃應者舉猶問也謂不先問也

大夫士出入君門由闑右臣統於君闑門橛○闑魚列反橛也橛求月反門中木**不踐閾**閾門限也○閾于逼反一音況域反

【疏】大夫至踐閾○正義曰此一節明大夫士出入君門之法門以向堂爲正右在東故盧注檀弓下云門以向堂爲正主人位在門東客位在門西今此大夫士是臣臣皆統於君不敢自由賓故出入君門恒從闑東也其士之朝位雖在西方東面入時仍依闑東其大射注云左則由闑西者汎解賓客

入門之法也○不踐閾者踐履也閾門限也出入不得踐履門限所以爾者一則自高二則不淨並爲不敬○凡與客入者每門讓於客下賓也敵者迎於大門外聘禮曰君迎賓於大門內○下遐嫁反客至於寢門則主人請入爲席爲猶敷也雖君亦然○敷芳夫反然後出迎客客固辭又讓先入主人肅客而入肅進也進客謂道之○道音導主人入門而右客入門而左右就其右左就其左主人就東階客就西階客若降等則就主人之階降下也謂大夫於君士於大夫也不敢輒由其階卑統於尊不敢自專主人固辭然後客復就西階復其正○復音服後此音更不重出主人與客讓登主人先登客從之拾級聚足拾當爲涉聲之誤也級等也涉等聚足謂前足躡一等後足從之併○拾依注音涉級音急階等躡女攝反併步頂反連

步以上重蹉跌也連步謂足相隨不相過也○上時掌反下皆同重直勇反徐治恭反蹉本亦作差同七何反跌大結反過古臥反後不音者放此上於東階則先右足上於西階則先左足近於相鄉敬

疏凡與至左足○正義曰此一節明賓與主人送迎相讓及升堂行步之法各隨文解之○言凡者通貴賤也每門者天子五門諸侯三門大夫二門客敵者主人出門外迎客主人輒先讓不先入故曰每門讓於客也貴賤禮不並存且諸侯自相爲賓之禮凡賓主各有副賓副曰介主副曰擯及行人若諸侯自行則介各從其命數至主國大門外主人及擯出門相接若主君是公則擯者五人侯伯則擯者四人子男則擯者三人所以不隨命○者謙也故並用強半之數也賓若是公來至門外直當闑西去門九十步而下車當軹北鄉而立鄭注考工記云軹轂末也其侯伯立當前疾○胡下此子男立當衡注衡謂車轅其君當軫而九介立在公之北邐迤西北並東鄉而列主公出直闑東南西鄉立擯在主人之南邐迤東南立並西鄉也使末擯與末介相對中間傍相去三丈六尺列擯介既竟則主君就賓求辭所以須求辭者不敢自許人來詣己恐爲他事而至故就求辭自謙之道也求辭之法

主人先傳求辭之言與上擯上擯傳以至次擯次擯繼傳以至末擯末擯傳與賓末介末介以次繼傳上至於賓賓荅辭隨其來意又從上介而傳下至末介末介又傳與末擯末擯傳相次而上至於主人傳辭既竟而後進迎賓至門知擯介朝位如此者大行人職文又知傳辭拜迎賓前至門者司儀職文其傳辭司儀之交擯也其列擯介傳辭委曲約聘禮文若諸侯使卿大夫相聘其介與主位則大行人云卿大夫之禮各下其君二等鄭注云介與朝位是也主君待之擯數如待其君其有異者主君至大門而不出限南面而立也若公之使亦直闑西北嚮七介而去門七十步侯伯使列五介而去門五十步子男使三介而去門三十步上擯出闑外闑東南西嚮陳介西北東面邐迤如君自相見也而末介末擯相對亦相去三丈六尺陳擯介竟則不傳命而上擯進至末擯間南揖賓賓亦進至末介間上擯與賓相去亦三丈六尺而上擯揖而請事入告君君在限內後乃相與入也知者約聘禮文不傳辭司儀及聘禮謂之旅擯君自來所以必傳命者聘義云君子於其所尊弗敢質敬之至也又若天子春夏受朝宗則無迎法受享則有之故大行人云廟中將幣三享鄭云朝先享不言朝者朝正禮不嫌有等也若秋冬覲遇一受之於廟則亦無迎法故郊特牲云覲禮天子不下堂而見諸

侯明冬遇依秋也此云凡與客入者謂燕也故下文云至寢門謂燕在寢也若相朝饗食皆在廟○每門讓於客者每門讓於客自謙下敬於賓也○注迎於至門內○正義曰迎於大門外證敵者主人自出聘禮云君迎賓於大門內者證不敵者主人不出門也使者是彼臣故主君迎至門內而不出也客至於寢門則主人請入爲席寢門最內門也謂客與主人入至主人內門也主人請入爲席者爲猶敷也客至於內門而主人請先獨入敷席也然主人嚮已應正席今客至門方請先入敷席者其意有二一則自謙示不敢逆設席以招賢也二則重慎更宜視之○注雖君亦然○正義曰知君迎臣君亦先入者案聘禮云及廟門公揖入于中庭是也若敵者則更出迎其不敵則不出迎故聘禮云立於中庭注不復出如此得君行一臣行二是也聘禮君使卿歸饔餼於賓賓迎於門外及廟門賓揖俱入是敵禮不重出迎者尊主君之命不敢當也聘禮賓見主國大夫及廟門大夫揖入不出迎者尊聘君之命不敢當也○然後出迎客者入鋪席竟後更出迎客也○客固辭者固如故也禮有三辭初曰禮辭再曰固辭三曰終辭主人入鋪席竟出而迎客再辭不先入也○主人肅客而入者肅進也謂先導之也客以再辭故主人進道客也故公食大夫禮云公揖入賓從是也○客若降等

則就主人之階者降等卑下之客也不敢亢禮故就主人階是繼屬於主人○注降下至自專○正義曰謂大夫於君士於大夫者此大夫於君大夫謂他國大夫也案聘禮云公迎賓不就主人階公食大夫禮公迎賓賓入門左注云左西方此皆是降等不就主人階者以聘禮及公食大夫禮並奉己君之命不可苟下主人故從客禮也若君燕於臣命宰夫爲主人則主人與賓皆從西階升與此異也案聘禮賓面主國大夫他國大夫是敵禮賓亦入門右鄭注見私事雖敵賓猶謙入門右爲若降等然○主人與客讓登者客主至其階又各讓不先升也○主人先登者讓必以三三竟而客不從故主人先登亦肅客之義不言三者略可知也○客從之者言主人前升至第二級客乃升中較一級故云從之也公食禮云公升二等賓升是也案燕禮大射賓先升者公以宰夫爲主人賓尊也故下注云賓每先升尊也案聘禮君使卿歸饔餼於賓館卿升一等賓從於時賓爲主人不先升者卿銜主君之命尊故先升也至於賓設禮擯卿賓升一等大夫從升者君以賓作主人故也拾級聚足者此上階法也拾涉也級等也聚足謂每階先舉一足而後足併之不得後過前也涉等聚足謂前足躡一等後足從而併之也○連步以上者上上堂也在級未在堂後足不相過故云連步也涉而升堂故上

云以上〇帷薄之外不趨不見尊者行自由不爲容也入則容行而張足曰趨〇帷位悲反帷幔也薄平博反簾也堂上不趨爲其迫也堂下則趨〇爲于僞反下並同迫音伯執玉不趨志重玉也聘禮曰上介授賓玉於廟門外〇介音界堂上接武武迹也迹相接謂每移足半躡之中人之迹尺二寸堂下布武武謂每移足各自成迹不相躡室中不翔又爲其迫也行而張拱曰翔並坐不橫肱爲害旁人〇並如字又步頂反後放此肱古弘反授立不跪授坐不立爲煩尊者俛仰受之〇跪求委反本又作危授坐本又作俛仰

〔疏〕帷薄至不立〇正義曰此一節言趨步授受之儀帷幔也薄簾也趨謂行而張足疾趨而行敬也貴賤各有臣吏故其敬處亦各有遠近也禮天子外屏諸侯內屏卿大夫以簾士以帷外屏門外爲之內屏門內爲之邦君樹塞門是也臣來朝君至屏而加肅敬屏外不敬故不趨也今言帷薄謂大夫士也其外不趨則內可趨爲敬也此帷薄外不趨謂平常法也若祭祀之禮爾雅云室中謂之時堂上謂之行堂下謂之步門外謂之趨中庭謂之走大路謂之奔

知爾雅是祭祀者以召誥云王朝步自周則至于豐注云告文王廟告文王則告武王可知出廟入廟不以遠爲文是也若迎賓則樂師云行以肆夏趨以采齊。行謂大寢之庭至路門趨謂路門至應門。堂上不趨者亦謂不疾趨堂上迫狹故也下階則趨故論語云沒階趨進翼如也然論語云是孔子見於君也執玉不趨者執玉須慎不論堂之上下皆不疾趨也若張足疾趨則或蹉跌失玉故不趨注云聘禮曰上介授賓玉於廟門外者引證賓有執玉於堂下時也賓當進聘故上介授賓玉於主人廟門外賓執玉進人門內不疾趨而爲徐趨徐趨者則玉藻云圈豚行不舉足齊如流注云孔子執圭則然也又云執龜玉舉前曳踵蹜蹜如也注云著徐趨之事疾趨者則玉藻云疾趨則欲授。而手足毋移注云疾趨謂直行也疏數自若毋移欲其直且正也堂上接武者武跡也既不欲疾趨故跡相接也鄭云每移足半躧之王云足相接也庾云謂接則足連非半也武跡相接謂每移足半躧之也中人跡一尺二寸半躧之是每進六寸也。堂下布武者鄭謂每移足各自成跡不半相躧王云謂跡間容足若間容足則中武王謚非也。授立不跪者謂尊者立之時卑者以物授尊者不得跪煩尊者俯俛若尊者形短雖卑者得跪以授之故少儀云受立授立不坐性之直者則有之也注云尊者短則跪不敢以長臨之是也○凡爲長者糞之禮必加帚於箕上如是得兩手奉箕恭也謂初執而往時也弟子職曰執箕膺擖厥中有帚○爲于僞反攩本又作糞徐音奮掃席前曰攩帚之手反箕音基膺於陵反葉如字箕舌以袂拘而退其塵不及長者謂埽時也以袂擁帚之前埽而卻行之○袂武世反衣袖末拘古侯反徐音俱謂埽先報反又先早反擁於勇反以箕自鄉而扱之扱讀曰吸謂收糞時也箕去弃物以鄉尊者則不恭○扱依注音吸許急反斂也去上呂反下注同奉席如橋衡橫奉之令左昂右低如有首尾然橋井上欅槔衡上低昂○橋居廟反令力呈反卬本又作昂又作仰同五剛反又魚丈反下同欅本又作契又作挈同音結槔古毫反挈皐依字作桔槔見莊子請席何鄉請衽何趾順尊者所安也衽臥席也坐問鄉臥問趾因於陰陽○衽而審反趾音止席南鄉北鄉以西方爲上東鄉西鄉以南方爲上布席無常此其順之也上謂席端也坐在陽則上左坐在陰則上右

○坐才臥反又如字【疏】凡爲至爲上○正義曰此一節明爲尊者埽除布席之儀各隨文解之必加帚於箕上者謂初持箕往時也以帚加置箕上兩手舉箕也○注弟子職曰執箕膺擖厥中有帚○正義曰證加帚箕上弟子職者管子之書篇名也其書述爲弟子職也膺胷前也擖箕舌也厥其也言執箕之禮以箕舌鄉胷而帚置於箕中箕是棄物之器故不持鄉尊也○以袂拘而退者謂埽時也袂衣袂也○退遷也當埽時卻遷以一手提帚又舉一手衣袂以拘障於帚前且埽且遷故云拘而退○以箕自鄉而扱之者扱斂取也謂以箕自鄉斂取糞穢亦不以箕鄉尊也○注扱讀曰吸○正義曰必讀扱爲吸者以其穢物少吸然則盡不得爲一扱再扱故讀從吸也○奉席如橋衡者所奉席席頭令左昂右低如橋之衡衡橫也左尊故昂右卑故垂也但席舒則有首尾卷則無首尾此謂卷席奉之法故注云如有首尾然言如有則實無首尾至於舒席之時則有首尾故公食禮云莞席尋卷自末注云末終也終則尾也○請席何鄉請衽何趾者既奉席來當隨尊者所欲眠坐也席坐席也鄉面也衽臥席也趾足也坐爲陽面亦陽也坐故問面欲何所鄉也臥是陰足亦陰也臥故問足欲何所趾也皆從尊者所安也○注衽臥席也○正義曰案昏禮同牢禮畢將臥云御衽於奧媵衽

良席有枕北趾此是衽爲臥席也○席南鄉北鄉以西方爲上者謂東西設席南鄉北鄉則以西方爲上頭也所以然者凡坐隨於陰陽若坐在陽則貴左坐在陰則貴右南坐是陽其左在西北坐是陰其右亦在西也俱以西方爲上○東鄉西鄉以南方爲上者謂南北設席皆以南方爲上者坐在東方西鄉是在陽以南方爲上坐若在西方東鄉是在陰亦以南方爲上亦是坐在陽則上左坐在陰則上右此據平常布席如此若禮席則不然案鄉飲酒禮注云賓席牖前南面主人席阼階上西面介席西階上東面與此不同是也

若非飲食之客則布席席間函丈謂講問之客也函猶容也講問宜相對容丈足以指畫也飲食之客布席於牖前丈或爲杖○函胡南反丈如字丈尺之丈王肅作杖畫胡麥反牖羊九反○**主人跪正席**雖來講問猶以客禮待之異於弟子**客跪撫席而辭**撫之者荅主人之親正○**客徹重席主人固辭**徹去也去重席謙也再辭曰固○重直龍反注同再辭曰固一本作曰固辭**客踐席乃坐**客安主人乃敢安也講問宜坐**主人不問客不先舉**

客自外來宜問其安否無恙及所爲來故○恙羊尚反爾雅云憂也爲于僞反下同**將即席容毋怍**怍顏色變也○怍才洛反慙也**兩手摳衣去齊尺**齊謂裳下緝也○齊音咨注同本又作齋緝七立反**衣毋撥**撥發揚貌○撥半末反發揚**足毋蹶**蹶行遽貌○蹶本又作蹷居衛反又求月反行急遽貌遽其據反

【疏】若非至毋蹶○正義曰此一節明客主之禮儀云若非飲食之客者飲食之客謂來共飲食者非飲食客謂來講問者布席之謂舒之令相對若飲食之客不須相對若講問之客布席相對須講說指畫使相見也○席間函丈者函容也旣來講說則所布兩席中間相去使容一丈之地足以指畫也文王世子云侍坐於大司成遠近間三席席之制三尺三寸三分寸之一則三席是一丈故鄭云容丈也○注講問至爲杖○正義曰凡飲食燕饗則賓位在室外牖前列筵南嚮不得布席相對相對者唯講說之客耳不在牖前或在於室云丈或爲杖者王肅以爲杖言古人講說用杖指畫故使容杖也然二家可會○主人跪正席者客雖來講問而主人宜敬故跪而正席示親客之來也雖來講問猶以客禮待之異於弟子也○客跪撫席而辭者撫謂以手按止之也客跪以手按止於

席而辭不聽主人之正席也撫之者荅主人之親正席也○禮公客徹重席者禮器云諸侯三重大夫再重又鄉飲酒之禮公三重大夫再重是尊者多卑者少故主人爲客設多重席客謙而自徹也○主人固辭者固辭再辭止客之徹也然尊卑有數而客必徹之者既言講說本以德義相接不以尊卑爲用故雖尊猶自徹也客踐席者猶履也客起徹重席主人止之故客還履席將坐○乃坐者主人待客坐乃坐也○主人不問客不先舉者舉亦問也客從外來宜問路中寒熱無恙若主人未問則客不可先問也爾雅釋詁云恙憂也○將即席容無怍者此明弟子講問初來之法即就也怍顏色變也初將來就席顏色宜莊不得變動顏色○兩手摳衣去齊尺者摳提挈也衣謂裳也齊是裳下緝也亦謂將就席之時以兩手當裳前提挈裳使起令裳下緝去地一尺恐衣長轉足躡履之足毋蹶者蹶行急遽貌也亦謂客初至之時勿得以爲行遽恐有蹶蹶之貌也

先生書策○琴瑟在前坐而遷之戒勿越廣敬也在前謂當行之前○筴本又作策初革反編簡也

虛坐盡後謙也○盡津忍反後放此

食坐盡前爲汙席○汙汙辱之汙又一故反後放此

坐必安執爾

顏執猶守也長者不及毋儳言儳猶暫也非類雜○儳徐仕鑒反又倉鑒反又
蒼陷反正爾容聽必恭聽先生之言既說又敬○說音悅毋勦說勦猶擥也
謂取人之說以爲已說○勦初交反一音初教反擥取說如字注同徐舒銳反擥徐力敢反毋雷同雷之
發聲物無不同時應者人之言當各由已不當然也孟子曰人無是非之心非人也○應應對之應下同必則
古昔稱先王言必有依據侍坐於先生先生問焉
終則對不敢錯亂尊者之言○坐才臥反後放此請業則起請益則起
尊師重道也起若今摳衣前請也業謂篇卷也益謂受說不了欲師更明說之子路問政子曰先之勞之請益曰無倦○
卷音眷徐久戀反○父召無諾先生召無諾唯而起應辭唯恭於諾
○唯于癸反徐于比反注同○侍坐於所尊敬毋餘席必盡其所近尊者之
端爲有後來者○爲于僞反下爲饌同○見同等不起不爲私敬燭至起異晝夜

食至起爲饌變上客起敬尊者燭不見跋跋本也燭盡則去之嫌若燼多有厭倦○見賢遍反跋半末反去起呂反下風去免去同燼才信反厭於豔反下同尊客之前不叱狗主人於尊客之前不敢倦嫌若風去之○叱尺質反狗古口反風音芳鳳反讓食不唾嫌有穢惡○唾吐臥反穢紆廢反徐烏外反惡烏路反

【疏】先生至不唾○正義曰此一節明弟子事師子事父之禮各隨文解之○先生書策者策篇簡也坐亦跪也坐通名跪跪名不通坐也越踰也弟子將行若遇師諸物或當已前則跪而遷移之戒慎勿得踰越廣敬也○虛坐盡後者凡坐各有其法虛空也空謂非飲食坐也盡後不敢近前以爲謙也玉藻云徒坐不盡席尺是也食坐盡前者謂飲食坐也古者地鋪席而俎豆皆陳於席前之地若坐近後則濺汙席故盡前也玉藻云讀書食則齊豆去席尺是也○坐必安者凡坐好自搖動故戒之令必安坐執爾顏者執守也久坐好異故必戒之宜如嚮者無作顏容也故注云執猶守也○長者不及毋儳言者長者猶先生也互言耳及謂所及之事也儳暫也長者正論甲事未及乙事少者不得輒以乙事雜甲事暫然雜錯師長之說○正爾容者正謂矜莊也

方受先生之道當正己矜莊也顏容通語耳○聽必恭者聽師長之說宜恭敬也○毋勦說者語當稱師友而言無得擥取人之說以爲己語○毋雷同者凡爲人之法當自立己心斷其是非不得闌他人之語輒附而同之若聞而輒同則似萬物之生聞雷聲而應故云毋雷同但雷之發聲物無不同時而應者人之言當各由己不當然也○必則古昔者則法也雖不雷同又不得專輒故當必法於古昔之正○稱先王者既法古昔而所言之事必稱先王先王聖人爲天子者也如孔子說孝經稱先王有至德也言必有所依據○注人之至人也○正義曰人之言評議是非須自出己情不當然者然謂如此也謂不當如此隨附他意孟子云人無惻隱之心非人也人無是非之心非人也引之者明是非由己不可一同餘人請益則起者益謂已受說而不解了更諮問審之也尊師重道也起若今摳衣前請也漢時受學有摳衣前請之法故鄭引證之也○注子路至無倦○正義曰子路受師說不了故就孔子請益也案論語云子路問爲政之道孔子荅云爲政先行恩惠後乃可使人爲勞役子路嫌少就孔子更請益孔子荅云但勤行前恩惠之事無倦怠則自足爲政引之者證請益也○注唯恭於諾○正義曰父與先生呼召稱唯唯恭也不得稱諾其稱諾則似寬緩驕慢但今人稱諾猶

古之稱唯則其意急也今之稱吥猶古之稱諾其意緩也是今古異也○侍坐於所尊敬毋餘席者謂先生坐一席已坐一席已必坐於近尊者之端勿得使近尊者之端更有空餘之席所以然者欲得親近先生似若扶持然備擬先生顧問不可過遠且擬後人之來故闕其在下空處以待之○見同等不起者雖見已之同等後來不爲之起任其坐在下空處所以然者尊敬先生不敢曲爲私敬也○上客起者上客謂尊者之上客也尊者見之則起故侍者宜從之而起然食與燭至起則尊者不起○燭不見跋者小爾雅云跋本也本把處也古者未有蠟燭唯呼火炬爲燭也火炬照夜易盡盡則藏所然殘本所以爾者若積聚殘本客見之則知夜深慮主人厭倦或欲辭退也故不見殘本恒如然未盡也○尊客之前不叱狗者若有尊客至而主人叱罵於狗則似厭倦其客欲去之也卑客亦當然舉尊爲甚○侍坐於

君子君子欠伸撰杖屨視日蚤莫侍坐者請出矣以君子有倦意也撰猶持也○欠丘劒反伸音身撰仕轉反屨紀具反下同蚤音早莫音暮

侍坐於君子君子問更端則起而對離席對敬異事也君子必

令復坐○離力智反令力呈反侍坐於君子若有告者曰少間願有復也則左右屏而待復白也言欲須少空間有所白也屏猶退也隱也○間音閑注同○毋側聽嫌探人之私也側聽耳屬於垣○探音貪屬之玉反垣音袁毋噭應毋淫視毋怠荒遊毋倨立毋跛坐毋箕寢毋伏斂髮毋髢冠毋免勞毋袒暑毋褰裳皆為其不敬噭號呼之聲也淫視睇眄也怠荒放散身體也跛偏任也伏覆也髢髲也毋垂餘如髲也免去也褰袪也髢或為肆○噭古弔反視如字徐市志反倨音據跛彼義反又波我反徐方寄反髢徒細反髲垂如髲袒徒早反露也褰起連反為于偽反下為妨為于皆為為其為後同號戶高反本又作嗁字呼火故反又如字睇大計反眄莫遍反覆芳伏反髲皮義反袪曰魚反肆以二反餘也【疏】侍坐至褰裳○正義曰此一節明卑者事君子之禮○君子欠伸者君子志疲則欠體疲則伸撰杖屨者則君子自執杖在坐著屨升堂脱之在側若倦則自撰持之也○視日蚤莫者君子或瞻視其

庭影望日蚤晚也○侍坐者請出矣者禮卑者賤者請進不請退退由尊者是以論語云杖者出斯出矣不敢自專○今若見尊者爲上諸事皆是欲起之漸故侍坐者得請出矣○侍坐於君子者若此又明卑侍尊○事異於上故又言侍坐也○君子問更端者更端別事也謂嚮語已畢更問他事則起而對者事異宜新更敬又起對也○侍坐於君子者此亦卑事於尊所明既異故更言侍坐○若有告者曰少間願一有復也者間謂清閑也復白也卑者正侍坐於君子而忽有人來告君子云欲得君子少時無事清閑已願有所白也○則左右屏而待者屏退也侍者聞告欲有所白則當各自屏退左右避之不得遠也○毋側聽者此已下亦是侍君子之法凡人宜當正立不得傾欹側聽人之語嫌探人之私故注云側聽耳屬於垣若側聽則耳屬於垣壁聽旁人私言也○毋噭應者噭謂聲響高急如叫之號呼也應荅宜徐徐而和不得高急也○毋淫視者淫謂流移也目當直瞻○視不得流動邪眄也○毋怠荒者謂身體放縱不自拘斂也○遊毋倨者遊行也倨慢也身當恭謹不得倨慢也○立毋跛者跛偏也謂挈舉一足一足蹋地立宜如齊雙足並立不得偏也○坐毋箕者箕謂舒展兩足狀如箕舌也○寢毋伏者寢臥也伏覆也臥當或側或仰而不覆也○斂髮毋髢者髢髲也垂如髲也

古人重髮以纚韜之不使垂也○冠毋免者免脫也常著在首不可脫也○勞毋袒者袒露也雖有疲勞之事猒患其衣而不得袒露身體○暑毋褰裳者暑雖炎熱而不得褰袪取涼也然上諸事條目誡侍者左右屏隱之人也既屏隱好生上事或私覘清閑或隔尊自恣故宜兼戒亦可通戒爲人之法也○侍坐於長者屨不上於堂屨賤空則不陳於尊者之側○上時掌反解屨不敢當階爲妨後升者○妨音芳就屨跪而舉之屏於側謂獨退也就猶著也屏亦不當階○著丁畧反鄉長者而屨跪而遷屨俯而納屨謂長者送之也不得屏遷之而已俯俛也納內也遷或爲還

【疏】侍坐至納屨○正義曰此一節明解屨著屨之法事異於上故別言侍坐也屨不上於堂者長者在堂而侍者屨賤故脫於階下不著上堂若長者在室則侍者得著屨上堂而不得入室戶外有二屨是也或云悉不得上也戶外有二屨是狎客非須擯通也○解屨不敢當階者解脫也屨既不上於堂故解之於階下也謂脫爲解者案內則云屨著綦鄭云綦履繫也又冠禮云黑屨青絇鄭云絇之言拘也以爲行戒狀如刀衣鼻

在屨頭案內則注有屨繫之文冠禮有絇如刀衣鼻在屨頭及行戒之間故師說云用物穿屨頭爲絇相連爲行戒也今云解屨是解繫也故隱義云古者屨頭鼻綦繩相連結之將升堂解之也不敢當階者謂人與屨並不當階側就階邊而解若留屨置階道爲妨後升也就屨跪而舉之者此侍者或獨暫退時取屨法也就猶著也初升時解置階側今下著之先往階側跪舉取之故云就屨跪而舉之○屏於側者屏退也退不當階也○鄉長者而屨者此明少者禮畢退去爲長者所送之法也既爲長者所送則於階側跪取屨稍移之面鄉長者而著之故云鄉長者而屨○跪而遷屨者遷徙也就階側跪取稍移近前○俯而納屨者納內也既取因俯身向長者而內足著之不跪者若跪則足向後不便故俯也雖不並跪亦坐左納右坐右納左耳

○離坐離立毋往參焉離立者不出中間爲干人私也離兩也○男女不雜坐不同椸枷○不同巾櫛不親授嫂叔不通問諸母不漱裳外言不入於梱內言不出於梱女子許嫁纓非

有大故不入其門姑姊妹女子子已嫁而反兄弟弗與同席而坐弗與同器而食皆爲重別防淫亂不雜坐謂男子在堂女子在房也椸可以枷衣者通問謂相稱謝也諸母庶母也漱澣也庶母賤可使漱衣不可使漱裳裳賤尊之者亦所以遠別外言內言男女之職也不出入者不以相問也梱門限也女子許嫁系纓有從人之端也大故宮中有災變若疾病乃後入也女子有宮者亦謂由命士以上也春秋傳曰羣公子之舍則已卑矣女子十年而不出嫁及成人可以出矣猶不與男子共席而坐亦遠別也○椸羊支反衣架也枷本又作架徐音稼古本無此字櫛側乙反嫂字又作㛮素早反漱悉候反梱本又作閫苦本反別彼列反下及注同澣戶管反○父子不同席異尊卑也男女非有行媒不相知名見媒往來傳昏姻之言乃相知姓名○媒音梅不相知本或作不相知名名衍字耳傳直專反非受幣不交不親重別有禮乃相纓固故日月以告君周禮凡取判妻入子者媒氏書之以告君謂此也○判普叛反齊

戒以告鬼神昏禮凡受女之禮皆於廟爲神席以告鬼神謂此也○齊側皆反爲酒食以召鄉黨僚友會賓客也以厚其別也厚重慎也取妻不取同姓故買妾不知其姓則卜之爲其近禽獸也妾賤或時非媵取之於賤者世無本繫○取七住反本亦作娶下賀取妻同媵羊證反又繩證反繫音計又音戶計反寡婦之子非有見焉弗與爲友辟嫌也有見謂有奇才卓然衆人所知○見賢遍反辟音避本亦作避下同餘皆放此

疏離坐至爲友○正義曰此一節揔明不干人私并遠嫌之法今各隨文解之○離坐離立離兩也若見彼或二人併坐或兩人併立既唯二人恐密有所論則已不得輒往參預也○離立者不出中間者又若見有二人併立當已行路則避之不得輒當其中間出也不云離坐者道路中非安坐之地故不云坐也識與不識通如此也○注離兩也○正義曰案易象云明兩作離是離爲兩也○男女至而食○不親授者男女有物不親相授也内則云非祭非喪不相授器其相授則女授以篚無篚則皆坐奠之而后取之○諸母不漱

裳者諸母謂父之諸妾有子者漱浣也諸母賤乃可使漱浣盛服而不可使漱裳裳卑褻也欲尊崇於兄弟之母故不可使漱裳耳又欲遠別也○外言不入於梱者外言男職也梱門限也男職在於官政各有其限域不得令婦人預之故云外言不入於梱也○內言不出於梱者內言女職也女職謂織紝男子不得濫預故云不出梱也○女子許嫁纓者女子婦人通稱也不要對文故不重云子也婦人質弱不能自固必有繫屬故恒繫纓纓有二時一是少時常佩香纓二是許嫁時繫纓此則爲許嫁時繫纓何以知然者內則云男女未冠笄紟纓鄭以爲佩香纓不云纓之形制此云許嫁有從人之端也又昬禮主人入親說婦纓鄭注云婦人十五許嫁笄而禮之因著纓明有繫也蓋以五采爲之其制未聞又內則云婦事舅姑紟纓鄭云婦人有纓示繫屬也以此而言故知有二纓也但婦人之紟纓即是五采者故鄭云示繫屬也今此許嫁謂十五時○非有大故不入其門者大故謂喪病之屬也女子已許嫁則有官門列爲成人唯有喪病等乃可入其門非大故則不入門也○女子子者謂已嫁女子子是已之女不直云女子而云女子子者凡男子女子皆是父生同爲父之子男子則單稱子女子則重言子者案鄭注喪服云重言女子子是別於男子故云女子子○兄弟弗與同席而

坐者雖已嫁及成人猶宜別席不云姪及父唯云兄弟者姪父尊卑禮殊不嫌也○弗與同器而食者熊氏以為不得傳同器未嫁亦然今嫌嫁或有異於未出故明之皆為重別防淫亂也○注不雜至別也○正義曰謂男子在堂女子在房也○熊氏云謂若大宗收族宗子燕食族人於堂宗子之婦燕食族婦於房也○注春秋傳曰羣公子之舍則已卑矣引公羊傳證女子有別宮也莊元年秋築王姬之館於外公羊傳曰路寢則不可小寢則嫌羣公子之舍則以卑矣何休云路寢是君聽事之處不可嫁他女小寢是夫人所居天王女宜遠別不可往也羣公子之舍則以卑矣者羣公子是魯侯之諸女也魯侯女宮為卑不可處王女也何休又云當築夫人宮下羣公子宮上公羊以為築宮於外非禮也左氏以為築宮於外禮也鄭康成亦以為築宮當於宮外是也○男女非有行媒不相知名者相知男女名者先須媒氏行傳昏姻之意後乃知名見媒往來傳昏姻之言乃相知姓名也故昏禮有六禮二曰問名○非受幣不交不親者幣謂聘之玄纁束帛也先須禮幣然後可交親也○故日月以告君者既男女須辨故婦來則書取婦之年月日時以告國君也注周禮凡取判妻入子者媒氏書之以告君謂此也引媒氏職證必書告君也妻是判合故云判也入子者鄭康成注云入子者

謂容媵及姪娣不聘者也妾既非判合但廣其子肩而已故云人子○齊戒以告鬼神者並厚重遠别也齊戒謂嫁女之家受於六禮並在於廟布席告先祖也明女是先祖之遺體不可專輒許人而取婦之家父命子親迎乃並自齊絜但在已寢不在廟也所以爾者白虎通云娶妻不告廟者示不必人女也然夫家若無父母則三月廟見亦是告鬼神故云齊戒以告鬼神○注昏禮至此也○正義曰昏禮納采主人筵於戶西西上右几注爲神布席將以先祖之遺體許人不敢不告昏禮又云受諸禮於廟而設几筵也○故買妾不知其姓則卜之○熊氏云卜者卜吉凶既不知其姓但卜吉則取無之義或然也○注爲其至本繫○正義曰郊特牲云無別無義禽獸之道此不取同姓爲其近禽獸故也云妾賤或時非媵取之於賤者如諸侯取一國之女則二國同姓以姪娣媵媵送也妾送嫡行則明知姓氏大夫士取亦各有妾媵或時非此媵類取於賤者不知何姓之後則世無本繫但卜得吉者取之○寡婦之子非有見焉弗與爲友者明避嫌也見謂奇才卓異可見也寡婦無夫若其子有奇才異行者則已可與之爲友若此子凡庸而已與其往來則於寡婦有嫌也是以鄭注有見謂奇才卓然衆人所知也○賀取妻者曰某子使某聞

子有客使某羞謂不在賓客之中使人往者羞進也言進於客古者謂候爲進其禮蓋壺酒束脩若犬也不斥主人昏禮不賀〔疏〕賀取至羞○正義曰謂親朋友有昏已有事礙不得自往而遣人往也案郊特牲云昏禮不賀人之序也此云賀者聞彼昏而送筐篚將奉淳意身實不在爲賀故云賀而其辭則不稱賀曰某子使某者此使者辭也某子者賀者名使某者使自稱名也言彼使使我來也○聞子有客者聞子呼娶妻者爲子也昏禮既不稱賀故云聞子有客也客者鄉黨僚友之屬也○使某羞者某是使者名也羞進也子既召賓客或須飲食故使我將此酒食以與子進賓客○注謂不至不賀○正義曰羞進也言進於客也古者謂候爲進者證呼送禮爲進候猶進也古時謂迎客爲進漢時謂迎客爲候此記是古法故飲食與彼迎接呼爲進也鄭注周禮候人云候候迎賓客之來是也云其禮蓋壺酒束脩若犬也者言於禮物用壺酒及束脩束脩十脡脯也若無脯則壺酒及一犬故云若犬也少儀云其以乘壺酒束脩一犬賜人若獻人則陳酒執脩以將命是酒脩獻人之法也此賀用酒或亦四壺也云不斥主人昏禮不賀者解所以不云賀主人昏而云有客之義主人有嗣代之序故不斥云賀也○貧者不以貨

財爲禮老者不以筋力爲禮禮許儉不非無也年五十始杖八十拜君命一坐再至○名子者不以國不以日月不以隱○筋音斤

疾不以山川此在常語之中爲後難諱也春秋傳曰名終將諱之隱疾衣中之疾也謂若黑臀黑肱矣疾在外者雖不得言尚可指擿此則無時可辟俗語云隱疾難爲醫○臀徒孫反擿徐吐歷反或音的醫於其反

〔疏〕名子至山川○正義曰此一節明與子造名字之法各依文解之○名子者不以國者不以本國爲名故杜氏注春秋桓六年傳云不以本國爲名如是他國即得爲名故桓十二年衞侯晉卒襄十五年晉侯周卒是也○不以日月者不以甲乙丙丁爲名殷家得以爲名者殷質不諱名故也然案春秋魯僖公名申蔡莊公名甲午者周末亂世不能如禮或以爲不以日月二字爲名也○不以隱疾者謂不以體上幽隱之處疾病爲名○注謂若黑臀黑肱矣○正義曰案宣二年晉使趙穿迎公子黑臀於周而立之周語單子云吾聞晉成公之生夢神規其臀以黑使有晉國此天所命也有由而得爲名昭元年楚公子黑肱昭三十一年邾黑肱得爲名或亦有由或亂世而不能如禮云名終將諱之者案桓六

年九月丁卯子同生公問名於申繻申繻對曰名有五有信有義有象有假有類以名生爲信杜注云若唐叔虞魯公子友以德命爲義若文王名昌武王名發以類命爲象若仲尼首象尼丘取於物爲假若伯魚生人有饋之魚因名之曰鯉取於父爲類若魯莊公與桓公同日生名之曰同也按傳文云不以官不以畜牲不以器幣此記文畧耳傳云以官則廢職以山川則廢主以畜牲則廢祀以器幣則廢禮晉以僖侯廢司徒宋以武公廢司空先君獻武廢二山杜注云司徒改爲中軍司空改爲司城魯獻公名具武公名敖按國語范獻子聘魯問具敖之山魯人以鄉名對獻子云何不云具敖乎對曰先君獻武之所諱也此等所以皆爲名者以其不能如禮故申繻言之周人以諱事神者謂周人諱神之名而事神其名終没爲神之後將須諱之故不可以爲名也

○男女異長各自爲伯季也男子二十冠而字成人矣敬其名○冠古亂反父前子名君前臣名對至尊無大小皆相名女子許嫁笄而字以許嫁爲成人○笄古兮反

【疏】男女至而字○正義曰此一節明男女冠笄名字之法各依文解之○男女異長者按冠禮加字之時伯某甫

仲叔季唯其所當又檀弓云幼名冠字五十以伯仲知女子亦各自爲叔季者春秋隱公二年伯姬歸于紀隱七年叔姬歸于紀是也禮緯含文嘉云文家稱叔質家稱仲以此言之則周有管叔蔡叔之屬是文家故稱叔也禮緯又云嫡長稱伯庶長稱孟○君前臣名者成十六年鄢陵之戰公陷于淖欒書欲載晉侯鍼曰書退鍼是書之子對晉侯而稱書是於君前臣名其父也

○。**凡進食之禮左殽右胾食居人之左羹居人之右**皆便食也殽骨體也胾切肉也食飯屬也居人左右明其近也殽在俎胾在豆○殽戶交反熟肉有骨曰殽胾側吏反大臠食音嗣飯也注食飯屬同徐音自羹古衡反舊音衡便音婢面反下同近如字

膾炙處外醯醬處內殽胾之外內也近醯醬者食之主膾炙皆在豆○膾古外反炙章夜反注同醯徐音海本又作醯呼兮反醬子匠反

蔥渿處末渿烝蔥也處醯醬之左言末者殊加也渿在豆○渿以制反烝之承反

酒漿處右處羹之右此言若酒若漿耳兩有之則左酒右漿此大夫士與賓客燕食之禮其禮食則宜放公食大夫禮云○漿子羊反字亦作將燕本亦作宴於遍反放方兩反公食音

嗣此儀禮篇名也後放此下文及注執食同以脯脩置者左朐右末亦便食也屈中曰朐○朐其俱反客若降等執食興辭辭者辭主人之臨已食若欲食於堂下然主人興辭於客然後客坐復坐主人延客祭延道也祭祭先也君子有事不忘本也客若○降等則先祭○客祭禮飲食必祭示有所先也干寶注周禮云祭五行六陰之神與人起居道音導祭食祭所先進主人所先進先祭之所後進後祭之如其次殽之序徧祭之謂殽胾炙膾也以其本出於牲體也公食大夫禮魚腊湆醬不祭也○徧音遍下注同腊音昔湆音泣三飯主人延客食胾然後辯○殽先食胾後食殽殽尊也凡食殽辯於肴食肴則飽也○飯扶晚反下注禮飯以手同依字書食旁作卞扶萬反食旁作反符晚反二字不同今則混之故隨俗而音此字辨音遍下同主人未辯客不虛口俟主人也虛口謂酳也客自敵以上其酳不待主人飽主人不先飽也○酳音胤又士覲反嗽口也以酒曰酳以水曰漱

疏 凡進至虛口○正義曰此一節推明飲食之法也各隨文解之今此明卿大夫與客燕食之禮○左殽右胾者熟肉帶骨而臠曰殽純肉切之曰胾骨是陽故在左肉是陰故在右○食居人之左羹居人之右者食飯燥爲陽故居左羹濕是陰故右設之並在殽胾之內○注皆便至在豆○正義曰皆便食也者此中有三便一則純肉在右先取爲便也二則羹飯並近人之食先取羹飯亦便三則飯在左羹在右右手取羹羹重於右亦便故云皆便食云食飯屬者知食是飯者春秋左氏傳云粢食不鑿論語云一簞食玉藻云子卯稷食皆飯也言屬者諸飯悉然故云屬也云居人左右明其近也者以其繫人言之故云近也云殽在俎者春秋宣十六年王享士會殽烝下云宴有折俎又昏禮及特牲少牢皆骨體在俎是殽在俎知胾在豆者公食大夫禮庶羞十六豆有牛胾羊胾是胾在豆○注殽胾至在豆○正義曰知在殽胾之外內者以此饌之設羹食最近人羹食之外乃有殽胾今云膾炙處外醯醬處內明其不得在羹食之內故知在殽胾之外內此醯醬徐音作海則醯之與醬兩物各別依昏禮及公食大夫禮醬在右醯在左此醯醬處內亦當醬在右醯在左也按公食大夫禮宰夫自東房授醯醬公設之鄭注云以醯和醬也又周禮醯人祭祀共齏菹醯物則醯醬共爲一物

也今此經文若作醯字則是一物也醯之與醢其義皆通未知孰是但鄭注葱渫云處醯醬之左則醯醬一物爲勝云膾炙皆在豆者以公食下大夫十六豆有牛炙羊炙及芥醬魚膾故知在豆○注處醯至在豆○正義曰知處醯醬之左者地道尊右既云處末則末在左上繼醯醬文承其下故云在醯醬之左知葱渫殊加者以儀禮正饌唯有菹醢無葱渫故知葱渫爲殊加也以其菹類故知在豆也○注若酒至禮云正義曰卑客則或酒或漿若尊客則有酒有漿案公食大夫禮云設酒於豆東是酒在左也公食大夫禮又云賓三飯設漿飲於稻西鄭注云酒在東漿在西所謂左酒右漿是也云此大夫與賓客燕食之禮其禮食則宜放公食大夫禮云者從上進食之禮至此所陳饌具皆是卿大夫燕食也其禮食則似公食大夫禮所陳是也案公食大夫禮醯醬陳於席前豆六設於醬東西上韭菹以東醓醢昌本南麋臡以西菁菹鹿臡士設俎於豆南牛俎在西牛俎東羊俎羊俎東豕俎又牛俎南魚俎魚俎東腊俎腊俎東有腸胃俎又有膚俎在兩行俎之東縱設之黍稷六簋設於俎西黍簋當牛俎西其西稷稷西黍黍南稷稷東黍黍東稷屈爲兩行大羹在醬西鉶四設於豆西牛鉶在東牛西羊羊南豕豕東牛飯酒設於豆東粱飯設於湇西稻于粱西庶羞十六豆設於稻南屈折而

陳凡爲四行膷東臐臐東膮膮東牛炙炙南醢醢西牛胾胾
西醓醢西牛膾膾南羊炙炙東羊胾胾東醢醢東豕炙炙南
醢醢西豕胾胾西芥醬醬西魚膾此○是公食下大夫禮云若
上大夫八豆八簋六鉶九俎庶羞二十也○以脯脩置者設
食竟所須也脯訓始始作即成也脩亦脯也脩訓治治之乃
成鄭注腊人云薄折曰脯棰而施薑桂曰鍛脩今明置設脯
脩與客之法故云以脯脩置者○左朐右末者朐謂中屈也
屈脯朐朐然也左朐朐置左也右末末邊際置右○右手取際
擘之便便也脯脩則處酒左以燥爲陽也脯脩皆左邊也注亦
便至便也○客若降等者降下等也謂大夫爲卿之客其品
等卑下也○執食興辭者執捉也食飯也興起也客既卑故
未食必先捉飯而起以辭謝主人之臨已也又若欲往堂下
食然也堂下是卑者食處飯爲食主故特執之也公食大夫
禮云賓北面自間坐左擁簠粱○右執湇以降是也鄭云自間
坐由兩饌之間也辭主人臨已食若欲食於堂下然此降等
謂大夫於卿故欲降而不降若臣於君則降也故公食云賓
擁簠粱以降是也若敵者全無欲降之禮故公食禮云大夫
相食賓執粱與湇之西序端無降法也○主人興辭於客然
後客坐者主人見客執飯起故主人亦起辭止之則客從辭
而止乃坐食復坐也○主人延客祭者延道也祭者君子不

忘本有德必酬之故得食而種種出少許置在豆間之地以
報先代造食之人也若敵客則得自祭不須主人之延道今
此卑客聽主人先祭道之已乃從之故云延客祭也○祭食
祭所先進凡祭食之法隨主人所設前後次第種種而次祭
之故主人所先進先祭之所後進後祭之所從如其次也○
殽之序徧祭之者序次序也謂膾炙胾之屬也徧匝也炙胾
之屬雖同出於牲今祭之故種種次序徧匝祭之○注謂胾
至祭也○正義曰案公食大夫禮云三牲之肺不離贊者辯
取之壹以授賓賓興受坐祭挩手又云魚腊醬湆不祭也○
三飯主人延客食胾者三飯謂三食也禮食三飧而告飽須
勸乃更食三飯竟而主人乃道客食胾也公食大夫禮云賓
三飯以湆醬鄭云每飯歠湆以殽擩醬食正饌也案彼文是
三飯但食醬及他饌而未食胾故三飧竟而主人道客使之
食胾也所以至三飧後乃食胾者公食禮亦以胾爲加故客
三飧前未食之故鄭注云以殽擩醬食正饌正饌則非胾也
然公食禮三飧竟挩手起受漿漱口受束帛之物升降拜禮
畢方是升還坐食取飽飽又三漱不云三飯延客食胾者與
此異也○然後辯殽者然後謂食胾竟後也辯匝也主人皆
道客令食至飽食殽得匝也○注先食至飽也○正義曰純
肉爲陰陰卑也帶骨爲陽陽尊也尊故後食之也云凡食殽

辯於肩食肩則飽者案特牲少牢云初食骰次食脊次食骼後食肩是辯於肩也故云食肩則飽也鄭云舉前正脊後肩自上而卻下綒而前終始之次也案鄭云是先食胳脊次食骼食骼竟又屈食脇脊竟乃食肩○主人未辯客不虛口者虛口謂食竟飲酒蕩口使清絜及安食也用漿曰漱令口以絜清爲義用酒曰酳酳訓演言食畢以酒演養其氣主人若食殽未辯則客雖已辯而不得輒酳漱也主人恒讓客不自先飽故客待主人辯乃得爲酳也此謂畢客耳敵客以上則不待主人也音義隱云飯畢蕩口也○注俟主至酳也○正義曰案公食禮云賓卒食會飯三飲鄭云三漱漿也明是食竟漱也又初三飯竟設漿稻西賓坐祭遂飲鄭云飲漱也絫此漱是三飧竟又有事故用漿漱口若如斯則公食之禮雖設酒爲優賓不得用酳故鄭注彼云設而不舉明但以漿漱口而已也此是私客故用酒以酳所以異於公食禮也故鄭此云謂酳也云客自敵已上其酳不待主人飽者客不敵故待主人主人不先飽者緣主人不先飽故待之也

侍食於長者主人親饋則拜而食勸長者食耳雖賤不得執食與辭拜而已示敬也○饋徐其類反**主人不親饋則不拜而食**以其禮於已不隆

【疏】侍食至而食○正義曰鄉是自爲客法此明侍從尊長爲客禮也主人親饋則拜而食者饋謂進饌也已雖侍尊長而主人若自親饋與已已則拜謝之而後食也○注勸長至敬也○正義曰言已今侍食雖賤不得執食興辭故但拜之以示敬也共食不飽謙也謂共羹飯之大器也共飯不澤手爲汗手不絜也澤謂挼莎也禮飯以手澤或爲擇○爲于僞反汗下半反本或作汙挼乃禾反沈耳佳反莎息禾反沈又息隨反○

【疏】共食至澤手○正義曰共食謂同事聚居非禮食則有同器食法共食宜謙不輒厭飫爲飽也共飯不澤手者亦是共器盛飯也澤謂光澤也古之禮飯不用箸但用手既與人共飯手宜絜淨不得臨食始挼莎手乃食恐爲人穢也○注爲汗手不絜○正義曰絜淨也若澤手手必汗生則不絜淨○一本汗生不圭圭絜也言手澤汙飯也毋摶飯爲欲致飽不謙○摶徒端反爲于僞反下皆同

【疏】毋摶飯○正義曰共器若取飯作摶則易得多是欲爭飽非謙也故注云爲欲致飽不謙也毋放飯去手餘飯於器中人所穢○去起呂反毋流歠大歠嫌欲疾○歠川悅反毋咤食嫌薄之○咤陟嫁反叱咤也毋齧骨爲有聲響

不敬〇齧五結反　毋反魚肉為已歷口人所穢　毋投與狗骨為其賤飲食之物　毋固獲為其不廉也欲專之曰固爭取曰獲〇固獲並如字徐云鄭擴霸反一音護　毋揚飯飯黍毋以箸毋嚃羹亦嫌欲疾也嚃為不嚼菜〇飯扶晚反箸直慮反說文云飯歠也嚃他荅反一音吐計反又音退嚼疾略反又序略反　毋絮羹為其詳於味也絮猶調也〇絮敕慮反謂加以鹽梅也　毋刺齒為其弄口也口容止〇刺七亦反弄魯凍反　毋歠醢亦嫌詳於味也歠醢者為其淡故〇淡度敢反　客絮羹主人辭不能亨客歠醢主人辭以窶優賓〇亨普彭反煑也窶其禹反貧也　濡肉齒決決猶斷也〇濡音濡字亦作濡斷音短　乾肉不齒決堅宜用手　毋嘬炙為其貪食甚也嘬謂一舉盡臠特牲少牢嚌之加于俎〇嘬初怪反炙章夜反臠力轉反少徐式照反凡少牢皆同嚌音才細反

【疏】毋放至嘬炙〇正義曰放飯者手就器中取飯飯若黏著手不得拂放本器中也去手餘飯於器中人所穢者

當棄餘於篚無篚棄餘於會會謂簋蓋也○毋流歠者謂開
口大歠汁入口如水流則欲多而速是傷廉也故鄭云大歠
嫌欲疾○毋咤食者咤謂以舌口中作聲也似若嫌主人之
食也○毋齧骨者一則有聲二則嫌主人食不足以骨致飽
故庾云爲無肉之嫌三則齧之口脣可憎故不齧也爲有聲
響不敬鄭舉一隅也毋反魚肉者謂與人同器也已齧殘不
可反還器中爲人穢之也故鄭云謂已歷口人所穢崔靈恩
云不可反於故處是以少牢禮尸所食之餘肉皆刜致於肵
俎不反本處也○毋投與狗骨者投致也狗犬也言爲客之
禮無得食主肉後棄其骨與犬故鄭云爲其賤飲食之物○
毋固獲者專取曰固爭取曰獲與人共食不可專固獨得及
爭取也盧植云固獲取之爲其不廉也○毋揚飯者飯熱當
待冷若揚去熱氣則爲貪快傷廉也○飯黍毋以箸者飯黍
無用箸當用匕故少牢云廩人溉匕與敦注云匕所以匕黍
稷是也○毋嚃羹者人若不嚼菜含而歠吞之其欲速而多
又有聲不敬傷廉也故鄭云亦嫌欲疾也嚃爲不嚼菜羹有
菜者用梜故不得歠當梜嚼也○毋絮羹者絮謂就食器中
調和鹽梅也若得主人羹更於器中調和是嫌主人食味惡
也○注爲其詳於味也絮猶調也詳審也謂更詳審嫌淡也
○毋刺齒者口容止不得刺弄之爲不敬也謂其弄口少儀

曰口容止容儀欲靜止也毋歠醢者醢肉醬也醬宜鹹客若歠之則是醬淡也○客絮羹主人辭不能亨者亨煑也若客失禮而絮羹則主人宜有優賓之辭謝之云已家不能亨煑故羹味不調適也○客歠醢主人辭以窶者窶無禮也若客失禮而歠醢則主人亦致謝云主人作醢淡而無鹽故可歠也詩云終窶且貧毛云窶無禮也箋云君於已祿薄終不足以爲禮也兩辭皆優饒於賓也濡肉齒決者濡濕也濕軟不可用手擘故用齒斷決而食之決猶斷也○乾肉不齒決者乾肉脯屬也堅肕不可齒決斷之故須用手擘而食之鄭注腊人云大物解肆乾之謂之乾肉也毋嘬炙者火灼曰炙炙肉濡若食炙先當以齒嚌而反置俎上不一舉而併食併食之曰嘬是貪食也○注爲其至于俎○正義曰不細齧之是一舉盡臠也特牲少牢嚌之加于俎者嚌至齒也特牲少牢饋食禮尸及祝佐食主人之徒得肉皆嚌之嚌之竟而加置于俎上也但此所嚌取彼嚌至齒反置于俎則同然前云無反魚肉此得反于俎者上文謂共人同器而食者故鄭云爲其已歷口人所穢特牲少牢獨食故得反也

卒食客自前跪徹飯齊以授相者謙也自從也齊醬屬也相者主人贊饌者公食大夫禮賓卒食北面取粱與醬以降也○卒子恤反

後更不音者同盦本又作齊將今反相息亮反注同主人興辭於客然後客坐不聽親徹【疏】卒食至相者○正義曰卒食食已也自從也食坐在前面嚮候客食竟加于俎起從坐前北面當以坐而跪自徹已所食飯與齊飯齊食主故荅主人初所親饋者也此是卑者侍食之客耳若敵者則否以授相者相者謂主人所使進食者賓以所徹飯齊以授之○注謙也至降也正義曰齊醬屬也齊醬菹通名耳公食大夫禮賓卒食北面取粱與醬以降者引證自徹是卑客也大夫卑於公所為客故食竟親取飯及醬以降下當知敵者否○主人至客坐者主人起辭不聽自徹則客亦止而坐也侍飲於長者酒進則起拜受於尊所降席拜受敬也燕飲之禮鄉尊○鄉音嚮長者辭少者反席而飲長者舉未釂少者不敢飲不敢先尊者盡爵曰釂燕禮曰公卒爵而後飲也○少式召反下皆同釂子妙反盡也先悉薦反又如字【疏】侍飲至敢飲○正義曰明侍尊長飲酒法也食竟宜飲酒故次之○酒進則起者謂長者賜侍者酒進至侍者前則起侍者見酒至不敢即飲故起也○拜受於尊所者

尊所者。以陳尊之處也侍者起而往尊處拜受之也陳尊之所貴賤不同若諸侯燕禮大射設尊在東楹之西自北嚮南陳之酌者在尊東西嚮以酌者之左為上尊尊面有鼻鼻向君示君專有此惠也若鄉飲酒及卿大夫燕則設尊陳於房戶之間賓主共之尊面嚮南酌者嚮北以西為上尊時主人在阼西嚮賓在戶西牖前南嚮使賓主得夾尊示不敢專惠也今云拜受於尊所者當是燕禮而燕禮不云拜受於尊所鄉飲酒亦無此語正是文不具耳近尊嚮長者故往於尊所嚮長者而拜○注降席至鄉尊○正義曰何肩云尊者主人也拜者在尊所對主人也降席下奠爵再拜稽首嚮尊謂主人尊也崔靈恩云卿大夫燕飲主人面亦嚮尊若鄉飲酒皆主人與賓夾尊也今案何崔並是解此拜受尊。若所嚮長者之證也○長者辭少者反席而飲者長者辭止少者之起長者既止故少者復反還其席而飲賜也○長者舉未釂少者不敢飲者舉猶飲也釂盡也飲酒尊卑異爵故燕禮公執膳爵受賜爵者執散爵今少者雖反席而飲要須待長者盡爵後少者乃得飲也若長者飲未盡則少者不敢飲也○注不敢至飲也○正義曰證長者未盡少者不敢飲也燕禮曰受賜爵者以爵就席坐公卒爵然後飲鄭注云不敢先虛爵明此勸惠從尊者來也然此與燕禮及注合而與士相見及玉藻違案士相見禮云若君賜之爵則下席再拜稽首受爵升席祭卒爵而俟君卒爵然後授虛爵鄭云受爵者於尊所至於授爵坐授人耳必俟君卒爵者若欲其釂然也玉藻云君若賜之爵則越席再拜稽首受登席祭之飲卒爵而俟君卒爵然後授虛爵注云不敢先君盡爵案二文皆先君卒爵而此云後飲者此據燕飲正禮故引燕禮以証之玉藻及士相見禮謂私燕之禮故不同也

長者賜少者賤者不敢辭不敢亢禮也賤者僮僕之屬○亢苦浪反僮音同【疏】長者至敢辭○正義曰此明凡受賜禮也少謂幼稚賤謂僮僕之屬也若少者及賤者被尊長之賜則不敢辭謙宜即受也不敢亢禮也敵者亢而有辭少者賤者故不敢也

賜果於君前其有核者懷其核嫌棄尊者物也木實曰果○核戶革反

御食於君君賜餘器之溉者不寫其餘皆寫重汙辱君之器也溉謂陶梓之器不溉謂萑竹之器也寫者傳巳器中乃食之也勸侑曰御○溉古愛反重直勇反徐治龍反陶音桃瓦器也沈音遥萑音九葦也傳直專反侑音又○【疏】御食至皆寫○正義曰御者非侍者但是勸侑君食也○君賜餘者

謂君食竟以食殘餘賜御者也○器之漑者不寫者漑滌也寫謂倒傳之也若所賜食之器可滌漑者不畏汙則不須倒寫仍於器中食之食訖乃澡絜以還君也○其餘皆寫者其餘謂不可滌漑之器也若不倒寫久則浸汙其器又不可澡絜則壞尊者物也故皆倒寫之○注重汙至曰御○正義曰漑謂陶梓之器者陶是瓦甒之屬梓是杯杅之屬並可滌絜之者何胤云梓漆也不漑謂萑竹之器者萑葦也是織萑爲之器竹是織竹爲之器並謂筐筥之屬並不可澡絜者鄭注司几筵職云萑如葦而細云勸侑曰御者何胤云勸侑謂卑者勸羨尊者之食也

餕餘不祭父不祭子夫不祭妻食人之餘曰餕餕而不祭唯此類也食尊者之餘則祭盛之○餕子閏反

【疏】餕餘至祭妻○正義曰餕者食餘之名祭謂祭先也因前有賜餘故明食人之餘不祭者也凡食人之餘及日晚食。饌之餘皆云餕故玉藻云日中而餕鄭云餕食朝之餘也今此明凡食餘悉祭若不祭者唯此下二條也父不祭子夫不祭妻者若父得子餘夫得妻餘不須祭者言其卑故也非此二條悉祭也父得有子餘者熊氏云謂年老致仕傳家事於子孫子孫有賓客之事故父得餕其子餘夫餕其妻餘者謂宗婦與族人婦燕飲有餘夫得食之○

御

同於長者雖貳不辭謂侍食於長者饌具與之同也貳謂重殽膳也辭之爲長者嫌○重直龍反（疏）御同至不辭○正義曰御謂侍也同謂侍食而與長者同饌也貳謂重也侍者雖獲殽膳重而已不須辭其多也所以然者此饌本爲長者設耳若辭之則嫌當長者何胤云禮當盛饌宜辭以賤不能當之此侍食於長者盛饌不在已故鄭云貳謂重殽膳也辭之爲長者嫌也偶坐不辭盛饌不爲已○偶五口反配也一曰副貳也坐才臥反又如字（疏）偶坐不辭○正義曰偶媲也或彼爲客設饌而召已往媲偶於客共食此饌本不爲已設故已不辭之也又一云偶二也若唯獨有已主人設饌已當辭謝若與他人俱坐則已不假辭以主人意不必在已也故鄭云盛饌不爲已並會兩通也羹之有菜者用梜其無菜者不用梜梜猶箸也今人或謂箸爲梜提○梜古協反沈又音甲字林作筴云箸也公洽反箸直慮反（疏）羹之至用梜○正義曰有菜者爲鉶羹是也以其有菜交橫非梜不可無菜者謂大羹湆也直歠之而已其有肉調者犬羹兎羹之屬或當用匕也爲天子削瓜者副之巾以絺

副析也既削又四析之乃横斷之而巾覆焉○爲于僞反下同削息略反瓜古華反副普逼反絺勑宜反細葛析星歷反下同斷音短下同（疏）削刊也副析也絺細葛也謂先刊其皮而析爲四解又横切之既破又横解**爲國君者華之巾以**而細葛爲巾覆上而進之也

綌華中裂之不四析也○華胡瓜反綌去逆反麤葛**爲大夫累之**累倮也謂不巾覆也○累力果反一音如字倮力果反沈胡瓦反**士疐之**不中裂横斷去疐而已○疐音帝去丘吕反**庶人齕之**不横斷○齕恨沒反徐胡切反

（疏）爲國至齕之○正義曰爲國君者華之巾以綌者華謂半破也綌麤葛也諸侯禮降故破而不四析也亦横斷之雖與天子俱無文推理亦横斷而巾用麤葛覆而進之爾雅云瓜曰華之郭璞云食啖治擇之名○爲大夫累之者累倮也不巾覆也大夫降於諸侯直削而中裂横斷而已不巾覆而進之知對破而横斷之者鄭云士不中裂横斷去疐而已則知大夫猶中裂而横斷倮而已○士疐之者疐謂脱華處士不半破但除疐而横斷亦不覆也下注庶人云不横斷則知士横斷也故鄭云士不中裂横斷去疐而已○庶人齕之者庶

人府史之屬也齕齧也旣注云不橫斷故知去疐而齧之也
然此削瓜等級不同非謂平常之日當是公庭大會之時也
父母有疾冠者不櫛行不翔憂不爲容也○冠如字徐古亂反爲如字徐于僞反言不惰憂不在私好惰不正之言○惰徒禾反一音徒臥反好音呼報反琴瑟不御憂不在樂食肉不至變味飲酒不至變貌憂不在味笑不至矧怒不至詈憂在心難變也齒本曰矧大笑則見○矧本又作哂失忍反又詩忍反詈力智反罵詈則見賢遍反疾止復故自若常也有憂者側席而坐側猶特也憂不在接人不㫄他面席有喪者專席而坐降居處也專猶單也

〔疏〕父母至而坐○正義曰此已下明親疾人子之禮及除喪後之儀各隨文解之○言不惰者惰訛不正之言○注憂不在私好者○正義曰好謂華好言語戲劇華飾文辭故云不在私好○食肉不至變味○正義曰猶許食肉但不許多耳變味者少食則味不變多食則口味變也○有憂者側席而坐者憂亦謂親有疾也側猶獨也獨席謂獨坐不舒

他面席也明憂不在接人故也平常則舒他面席也○注側猶特也○正義曰案聘禮云公禮賓公側受醴是側猶特也○有喪者專席而坐○正義曰專猶單也吉時貴賤有重席之禮若父母始喪寢苫無席卒哭後乃有苄翦不納自齊衰以下始喪而有席並不重降居處也○水潦降不獻魚鼈不饒多也○潦音老雨水謂之潦

獻鳥者佛其首爲其喙害人也佛戾也蓋爲小竹籠以冒之○拂本又作佛扶弗反下同爲于僞反下爲其同喙吁廢反又陟遘反又知冑反又丁角反戾力計反籠力東反冒莫報反

畜鳥者則勿佛也畜養也養則馴○畜許六反徐況又反馴似遵反狎也徐食倫反沈養純反

獻車馬者執策綏獻甲者執冑獻杖者執末獻民虜者操右袂獻粟者執右契獻米者操量鼓獻孰食者操醬齊獻田宅者操書致凡操執者謂手所舉以告者也設其大者舉其小者便也甲鎧也冑兜鍪也民虜軍所獲也操其右袂制之契券要也右爲尊量鼓量器

名○綏音雖執以登車者胄直又反操七刀反持也下及注皆同契苦計反量音亮又音良升龠斛鼓隱義云樂浪人呼容十二石者爲鼓齊本又作齏同子兮反便婢面反鐙苦愛反兜下侯反鍪莫侯反劵字又作絭音勸 凡遺人弓者張弓尚筋弛弓尚角 弓有往來體皆欲令其下曲隤然順也遺人無時已定體則張之未定體則弛之○遺于季反與也注同弛本又作施同式是反謂不張也注同隤本又作頹徒回反順貌 右手執簫左手承弣 簫弭頭也謂之簫簫邪也弣把中○弣音撫徐音甫下同弭亡婢反弓末也邪似嗟反把音霸手執處也 尊卑垂帨 帨佩巾也磬折則佩垂授受之儀尊卑一○帨徐始銳反磬徐苦定反折徐時列反又之列反沈云舊音逝 若主人拜 拜受也 則客還辟辟拜 辟拜謙不敢當○辟辟上扶亦反下辟音避注同 主人自受由客之左接下承弣 由從也從客之左右客尊之接下接客手下也承弣卻手則簫覆手與○覆芳服反與音餘 鄉與客並然後受 於堂上則俱南面禮敵者並授 進

劍者左首左首尊也進戈者前其鐏後其刃進矛戟者前其鐓後刃敬也三兵鐏鐓雖在下猶爲首鋭底曰鐏取其鐏地平底曰鐓取其鐓地○鐏在困反舊子困反注同一讀注音作管反矛本又作鉾音謀兵器鐓本又作錞徒對反注同一讀注丁亂反

疏水潦至其鐓○正義曰此一節明獻遺人物及授受之儀今各隨文解之○水潦降不獻魚鼈者案定四年左傳云水潦方降今謂水潦降者天降下水潦魚鼈難得故注云不饒多也盧植庾蔚之等並以爲然或解鄭云不饒多者以爲水潦降下魚鼈豐足不饒益其多○獻鳥者佛其首者王云佛謂取首戾轉之恐其喙害人也鄭云佛戾也蓋爲小竹籠以冒之案王鄭義同而加籠籠之爲其喙害人也○畜鳥者則勿佛也者畜養也養則馴也馴善也鳥經人養則不喙害人故獻之不用籠冒及戾之○獻車馬者執策綏者策是馬杖綏是上車之繩車馬不上於堂不可投進尊者之前但執策綏易呈呈之則知有車馬○獻甲者執胄者甲鎧也謂鎧爲甲者言如龜鼈之有甲也胄兜鍪也鎧大兜鍪小小者易舉執以呈之耳○獻杖者執末者末柱地頭也柱地不淨不可嚮人故執以自嚮持淨頭授與人獻民虜者操右袂者民虜謂

征伐所獲彼民以爲外虜故云民虜也右袂者右邊袖也獻之以左手操于囚之右邊袂右邊袂右邊有力故此用右手以防其異心凡言執操互言耳○獻粟者執右契者粟粱稻之屬也契謂兩書一札同而別之鄭注此云契券要也右爲尊以先書爲尊故也○獻米者操量鼓者米六米之等量是知斗斛之數鼓是量器名也隱義云東海樂浪人呼容十二斛者爲鼓以量米故云量鼓獻米者執器以呈之米云量則粟亦量粟云契則米亦書但米可即食爲急故言量粟可久儲爲緩故云書書此量爲緩也○獻孰食者操醬齊者孰食葱渫之屬醬齊爲食之主執主來則食可知若見芥醬必知獻魚膾之屬也○獻田宅者操書致者書致謂圖書於板丈尺委曲書之而致之於尊者也以上諸物可動故不云致而田宅著土故板圖書畫以致之故言書又言致也然古者田宅悉爲官所賦本不屬民今得此田宅獻者是或有重勳爲君王所賜可爲己有故得有獻凡遺人弓者此謂敵體故稱遺者也張弓尚筋者弓之爲體以木爲身以角爲面筋在外面張之時曲來嚮內故遺人之時使筋在上弓身曲嚮其下其弛弓之時反張嚮外筋在曲內角在曲外今遺人之時角嚮其上弓形亦曲嚮下故鄭注皆欲令其下曲隤然順也○注遺人至弛之○正義曰案槀人云春獻素秋獻成注云矢

箙春作秋成矢箙既獻素明知弓亦獻素素形朴也故士喪禮注云形法定爲素又弓人云秋合三材冬定體則合三材之時可以獻入故此注云未定體則弛之是也○右手執簫者簫弓頭頭稍剡差邪似簫故謂爲簫也謂弓頭爲鞘鞘簫之言亦相似也然執簫謂捉下頭客覆右手執弓下頭也○左手承弣者弣謂弓把也授在地地道貴右主人推客居右客覆右手執弓下頭又卻下左手以承弓把把當中央而高兩頭頽下以授主人主人在左所以知是執於弓下頭者下頭拄地不淨不可與人故自執之而以上頭授人所以爲敬也尊卑垂帨者尊卑謂賓主俱是大夫則爲尊若俱是士則爲卑帨佩巾也若主人拜者主人將受應當賓前而拜受所遺也○則客還辟辟拜者還辟猶逡巡也客謙不欲當主人之拜已故少逡巡遷延辟之也不云客答拜者執弓不得拜也何胤云執弓者迴還見主人拜而辟之也○主人自受由客之左者由從也主人既敵故自受也拜客既竟從客左而受之○接下承弣者主人既還在客左與客並以卻左手接客左手之下而承弣又覆右手捉弓下頭○注由從至下○正義曰客在右故云右客也是尊客故使客在右也云接下接客手下也者客卻○左手承弣今主人卻左手接客左手之下而取弓必知其客主俱卻左手承弣右手覆簫者若主

人用右手承弣便是主人倒執弓故知然也云承弣卻手則簫覆手與者簫謂弓下頭也客以弓上頭授與主人主人以左手卻之接客手下故又覆右手按捉弓下頭也是客主授受皆卻左手承弣覆右手執簫也○鄉與客並然後受者前漫云由左恐人或相對而左右也今明既拜客竟則還前立處與客俱嚮南而立乃後受弓故云鄉與客並然後受也○注於堂至並授○正義曰俱南面解鄉與客並也言於堂上俱南面是嚮明故也若不於堂上則未必南面當隨時便而俱嚮明云禮敵者並授者若不敵則不並授此又證遺人是敵者也然敵者並授案聘禮賓問主國之卿卿北面受幣聘賓南面授幣卿與聘賓是敵不並授者以聘賓銜聘君之命問卿故卿北面受之敬聘君之命也○進劒者左首者正義曰進亦謂遺也言進授與人時也首劒拊環也少儀曰澤劒首鄭云澤弄也推尋劒刃利不容可弄正是劒環也又云刀卻刃授穎鄭云穎鐶也案少儀而言首則鐶也不以刃授人敬也春秋魯定公十年叔孫之圉人欲殺公若僞不解禮而授劒末杜云以劒鋒末授之案解鋒爲末則鐶是首也然劒有匣又有衣也故少儀云劒則啓櫝蓋襲之加夫襓是也鄭云左首尊者客在右主人在左劒首首爲尊以尊處與主人也假令對授則亦左首首尊左亦尊爲宜也○進戈者前其

鐏後其刃。正義曰戈鉤孑戟也如戟而橫安刃但頭不嚮上爲鉤也直刃長八寸橫刃長六寸刃下接柄處長四寸並廣二寸用以鉤害人也刃當頭而利者也利故不持嚮人也鐏在尾而鈍鈍嚮人爲敬所以前鐏後刃也。進矛戟者前其鐓者矛如鋋而三廉也戟今之戟也古作戟兩邊皆安橫刃長六寸中刃長七寸半橫刃下接柄處又長四寸半並廣寸半鐓爲矛戟柄尾平底如鐓柄下也以平嚮人敬也亦應並授不云左右而云前後者互文也若相對則前後也若並授則左右也。進几杖者拂之尊者所馮依拂去塵敬。拂如字馮皮冰反去起呂反。效馬效羊者右牽之用右手便效猶呈見。效胡教反下同便婢面反見賢遍反。效犬者左牽之犬齛齧人右手當禁備之。齛本亦作噬常世反執禽者左首左首尊飾羔鴈者以繢繢畫也諸侯大夫以布天子大夫以畫。繢胡對反受珠玉者以掬慎也掬手中。掬九六反兩手曰掬受弓劍者以袂敬也飲玉爵者弗揮爲其寶而脆。揮音輝何云振去餘酒曰揮脆七歲

反

凡以弓劒苞苴簞笥問人者問猶遺也苞苴裹魚肉或以葦或以茅簞笥盛飯食者圜曰簞方曰笥○苞苴子餘反苞裹也苴藉也簞音單笥思嗣反字林先自反沈息里反簞笥竹器也裹音果葦韋鬼反盛音成圜音員○**操以受命如使之容**謂使者○使色吏反注及下使者使並同

〔疏〕進几至之容○正義曰此一節皆謂相獻遺也○進几杖者拂之及呈見之儀各依文解之○進几杖者拂之謂拂去塵埃爲當馮執故也前云獻杖執末與此互文也此兼言几者几雖無首末亦拂之或云進几者以彎外授人亦得順也○效馬效羊者右牽之者效呈見也此亦是遺人而言效亦互文也馬羊多力人右手亦有力故用右手牽掣之也○効犬者左牽之者犬好齧齧人故左牽之而右手防禦也案少儀云獻犬則右牽之者彼是田犬畜犬不齧人不須防今此是充食之犬故防禦之也然通而言之狗犬通名若分而言之則大者爲犬小者爲狗故月令皆爲犬而周禮有犬人職無狗人職也故爾雅云未成毫狗是也但燕禮亨狗或是小者或通語耳○執禽者左首者禽鳥也左陽也首亦陽也左首謂橫捧之也凡鳥皆然若並授則主人在左故客以鳥首授之也不牽故執之也○飾羔鴈者以繢者飾覆也

羔羊也繢畫也畫布爲雲氣以覆羔鴈爲飾以相見也士相見禮云下大夫以鴈上大夫以羔飾之以布並不言繢此言繢者鄭云彼是諸侯之卿大夫卑但用布此天子之卿大夫尊故畫之也受珠玉者以掬者掬謂手中也珠玉寶重宜慎若受之開匣而出置在手中下用袂承之恐墜落也○受弓劒者以袂者不露手取之故用衣袂承接之以爲敬也○飲玉爵者弗揮者玉爵玉杯也揮振去餘也春秋左氏傳云奉匜沃盥既而揮之揮之是振去餘也○凡以弓劒苞苴簞笥問人者凡謂凡此數事皆同然苞者以草苞裹魚肉之屬也故尚書云厥苞橘柚是其類也苴者亦以草藉器而貯物也簞圓笥方俱是竹器亦以葦爲之問人者問謂因問有物遺之也問者或自有事問人或謂聞彼有事而問之問之悉有物表其意故自弓劒以下皆是也○注苞苴至以茅○正義曰知裹魚肉者詩云野有死麕白茅苞之內則云炮取豚編萑以苴之旣夕禮云葦苞長三尺是其裹魚肉用茅用葦也○操以受命如使之容者言使之容者言使者操持此上諸物以進受尊者之命如臣爲君聘使受君命先習其威儀進退令如其至所使之國時之儀容故云如使之容也○

附釋音禮記注疏卷第二

江西南昌府學栞

禮記注疏卷二挍勘記　　阮元撰盧宣旬摘錄

附釋音禮記注疏卷第二　惠棟挍宋本禮記正義卷第三

曲禮上　三字在禮記鄭氏注之前閩監毛本移置鄭氏注孔穎達疏之後失其舊式

禮記　鄭氏注　孔穎達疏　此本自二卷以後至六十三卷多如此作

題禮記鄭氏注五字閩監毛本無禮記二字改題曰漢鄭氏注唐孔穎達疏皆非其舊

從於先生節　惠棟云從於先生節登城不指節戶外有二屨節宋本合爲一節

先生老人教學者　閩監毛本作老岳本嘉靖本同衞氏集說同此本老誤者

則必鄉長者所視　閩監毛本同石經同岳本嘉靖本同衞氏集說同考文引古本鄉作嚮通典六十八作向○按鄉向古今字嚮俗鄉字

從於至所視　惠棟挍宋本無此五字

又教道於物者　閩監毛本同衛氏集說物作幼

遵先生至拱手者　閩監毛本同惠棟挍宋本無者字

教於州里儀禮鄉射注云　監毛本如此此本作教於周禮鄉射注云字有脫誤也閩本同考文引宋板無儀禮二字盧文弨挍本云儀禮鄉射無此注惟鄉飲酒注云先生鄉中致仕者

登城不指節

不可以舊常致時乏無　閩監本同毛本致作或岳本嘉靖本同

戶外有二屨節

升席必由下也　閩監本同岳本嘉靖本同衛氏集說同考文引宋板古本足利本同毛本必誤也

以鄉飲酒無筭爵　閩本同監毛本筭作算○按段玉裁云說文算數也筭爲算算之器算爲筭之用監毛不誤

禪下曰履惠棟挍宋本同閩監毛本禪作單下以通於禪無問禪之與複正謂禪者皆同

或清開客事惠棟挍宋本作閑此本閑作開閩監本作問毛本清閑作請問

若內人語聞於戶外則外人乃可入也閩監毛本同衞氏集說則下有非私事三字恐以意添也

奉扃之說事有多家閩本同毛本事誤奉監本奉誤本事字不誤考文引宋板作事

從上爲躐席也閩監毛本同惠棟挍宋本躐作躐下躐席同是也躐爲躐之或體說詳下

大夫士出入君門節

大夫至踐閾惠棟挍宋本無此五字

右在東閩監毛本同惠棟挍宋本東下有也字衞氏集說同

凡與客入者節

謂前足躡一等　閩監毛本同嘉靖本同衛氏集說同岳本躡作躐釋文亦作躐

凡與至左足　惠棟校宋本無此五字

所以不隨命者謙也　閩監毛本同浦鏜校命下補數字

其侯伯立當前疾　惠棟云詩疏及論語刑疏皆作前侯獨此作前疾非也

下此子男立當衡　閩本同惠棟校宋本同監毛本此誤地

則主君就賓求辭　閩監毛本同惠棟校宋本辭作辤下主人先傳求辭之言同五經文字辭辤辭上說文中古文下籀文經典相承通用上字

各下其君二等　閩監本同毛本二誤一考文引宋板作二不誤

二則重慎更宜視之　閩監本同考文引宋板同毛本視誤親

然後出迎客者　閩監毛本同惠棟校宋本無者字

禮有二辭閩本同監毛本二作三○按當作三

帷薄之外不趨節

武謂每移足各自成迹不相躡閩監毛本同嘉靖本同岳本武上有布字毛居正云注武字當作布蓋上句注巳云武迹也此注釋布字義不當又云武按此武上脫布字當從岳本衞氏集說亦作布武

帷薄至不立惠棟挍宋本無此五字

趨以采齊閩監毛本同惠棟挍宋本齊作薺案此引周禮樂師當作薺

而爲徐趨徐趨者監本同毛本徐趨二字不重

疾趨則欲授而手足毋移毛本同閩監本授作發考文引宋板同案玉藻正作發注云發謂起屨也

凡爲長者糞之禮節

凡爲長者糞之禮閩監毛本同石經同岳本嘉靖本同釋文出攩云本又作糞正義本從作糞考文引古本作攩

執箕膺擖閩監毛本同岳本同嘉靖本同衛氏集說同釋文擖作葉考文引古本亦作葉山井鼎云古本作葉管子作揲而今此注作擖者蓋涉少儀篇誤耳當以古本及釋文爲證也案山井鼎説非也正義本自作擖故疏中皆作擖字○按段玉裁云凡柶之盛物箕之底皆謂之葉或作楪譌作揲葉亦謂之櫼少儀作擖乃櫼之誤古音巤聲葛聲相近故從巤字或多作葛也

以箕自鄉而扱之閩監毛本同石經同岳本嘉靖本同衛氏集說同考文引古本鄉作嚮案釋文於上出鄉尊云本又作嚮後文注皆同知此鄉字釋文亦作嚮正義本作鄉與釋文本同考文引古本作嚮與釋文又本同○按作嚮非也

扱讀曰吸閩監毛本同岳本嘉靖本同衞氏集說同惠棟校宋本扱作扳

箕去弃物宋監本同後並同岳本同閩監毛本弃作棄嘉靖本同衞氏集說同案此因正義作棄改注弃字亦作棄也

令左昂右低閩監毛本同岳本嘉靖本同衞氏集說同釋文出卬云本又作昂又作仰正義本作昂考文引古本作仰

凡爲至爲上惠棟校宋本無此五字

袂衣袂也退遷也閩監毛本同通解衣袂也下有拘障也三字案衞氏集說亦無此三字

謂南北設席皆以南方爲上者閩監毛本同浦鏜校云者疑若字誤

若非飲食之客節

荅主人之親正閩監毛本同岳本嘉靖本同衞氏集說同通解正下有席字

再辭曰固 閩監毛本同岳本嘉靖本同衛氏集說同釋文云一本作曰固辭考文引古本固下有辭也二字

客踐席乃坐 閩監毛本同石經同岳本同考文引古本作客踐席主人乃坐案疏云乃坐者主人待客坐乃坐也經無主人字故正義申言之考文據以補入非也

宜問其安否無恙 閩監毛本同岳本嘉靖本同衛氏集說同釋文否作不考文引古本無安否二字

作顏色變也 閩監毛本同岳本嘉靖本同衛氏集說同宋監本作下補謂字

蹶行遽貌 閩監毛本同岳本嘉靖本同衛氏集說同惠棟挍宋本遽作遂案釋文出行遽音其據反正義亦云行急遽貌也作遂者誤字

若飲食之客 閩監本同考文引宋板同毛本誤若飲之客客

席之制三尺三寸三分寸之一　閩監毛本同衞氏集說同浦鏜挍制下補廣字嚴杰云補廣字與今本文王世子注同釋文云一本作廣三尺三寸三分是陸氏所據之注本無廣字正義正與之合

故使容杖也　閩本同惠棟挍宋本同監毛本使作或衞氏集說同

○乃坐者　閩監本同考文引宋板同毛本無○乃誤入

不得變動顏色　閩監毛本同衞氏集說同惠棟挍宋本色下有也字

先生書策琴瑟在前節

先生書策琴瑟在前　閩監毛本同石經同岳本嘉靖本同衞氏集說同釋文出書筴云本又作策正義本作策考文引古本作筴○按依說文當作冊策者冊之假借字筴者又策之俗字也

毋勦說　閩監毛本同石經同嘉靖本同衞氏集說同岳本勦作勦案勦說之勦曹憲謂當從刀與左傳勦民字從

力者不同錢大昕云說文勦訓勞鄭訓爲擊郎取勞之轉聲而借其義非有異文也說文刀部無勦字曹憲俗儒未達六書之旨故多妄說案五經文字力部勦字云楚交反見禮記當指此文是張參亦不從曹憲說也岳本全改從刀非

不敢儳嫌若風去之 閩監毛本同岳本嘉靖本同考文引古本儳上有厭字風作諷案釋文於上注出有厭云厭於豔反下同知釋文本此處有厭字正義云則似厭倦其客欲去之也知正義本此處亦有厭字古諷字多作風釋文本亦作風通典六十八引嫌若諷去之古諷風字通

嫌有穢惡 閩監毛本同岳本嘉靖本同衛氏集說同考文引古本作嫌有惡穢釋文出有穢惡也二字亦不倒惡下有也字各本所無

先生至不唾 惠棟挍宋本無此五字

旣法古昔 閩監毛本同惠棟挍宋本昔作者

古者未有蠇燭 惠棟挍宋本蠇作蠟

侍坐於君子節

少閒願有復也　閩監毛本同嘉靖本同石經閒作閑岳本同衞氏集說同釋文出少閒云音閑注同五經文字云閒從月經典閑暇字用之則字當作閒爲是然此閒並從日後放此

暑毋褰裳　閩監本同石經同岳本嘉靖本同衞氏集說同考文引宋板古本足利本同毛本褰誤䙴釋文出毋鶱〇按鶱正字褰假借字

此又明卑侍尊　閩毛本同惠棟校宋本尊下有也字監本卑誤異

閒謂清閑也　閩監本同毛本閑作閒下無事清閑同

不得遠也　閩本同考文引宋板同監本作不得迫也毛本作不得近也並誤

不得流動邪盻也　閩本同監毛本盻作眄衞氏集說作不得斜眄

常著在首　閩本同惠棟校宋本同衞氏集說同監毛本在作於

故宜兼戒亦可通戒爲人之法也閩監毛本二戒字作誡衞氏集說同案此作戒者省文耳

侍坐於長者節

不得屏遷之而已閩監毛本同岳本同嘉靖本同衞氏集說同通解遷之作遷就近

侍坐至納屨惠棟挍宋本無此五字

此侍者或獨暫退時閩監毛本作侍此本侍誤待今正

離坐離立節

不同椸枷閩本監本毛本同石經同岳本嘉靖本同衞氏集說同釋文出同枷又出枷云本又作架徐音稼古本無此字正義此句闕疏其本無可考臧琳經義雜記云案注云椸可以枷衣者然則經無枷字矣今內則亦有枷字疑誤衍鄭箋鵲巢云鵲之作巢冬至架之至春乃成記注枷字與詩箋同意並是運動之言非實指器物之名也釋器竿謂

之簏亦單稱簏郭注云衣架與鄭合據徐音知此字晉以來已衍古本無此字陸當據徐本云然耳

女子許嫁系纓 閩監毛本系作繫岳本同衞氏集說同嘉靖本同

女子有宮者 閩毛本同岳本嘉靖本同衞氏集說同監本宮誤官

猶不與男子共席而坐 閩監本同岳本同衞氏集說同考文引宋板古本足利本同毛本共誤同

不相知名 閩監毛本同石經同岳本嘉靖本同衞氏集說同釋文出不相知云本或作不相知名名衍字耳正義本作不相知名經義雜記云案注云見媒往來傳昏姻之言乃相知姓名經如本有名字鄭可無庸注矣案臧說非也注正解經名字爲姓名耳當以正義本爲長

辟嫌也 閩監毛本同岳本嘉靖本同衞氏集說同考文引古本辟作避釋文出避嫌云本亦作避正義云明避嫌也字亦作避○按避正字辟假借字

離坐至爲友　惠棟挍宋本無此五字

嘗築夫人宮下羣公子宮上　○按今公羊注無二宮字

白虎通云娶妻不告廟者示不必人女也　閩本同考文引宋板同監毛本告上有先字人女二字併作安字與今白虎通同

弗與爲友者明避嫌也　閩監毛本作者此本者誤○

賀取妻者節

賀取妻者　閩監本同石經同岳本嘉靖本同衞氏集說同毛本取作娶釋文於上出取妻云本亦作娶下賀取妻同則作娶者釋文之又本也正義本從作取

古者謂候爲進　閩毛本同岳本嘉靖本同衞氏集說同監本候誤侯

昏禮不賀　閩監本同岳本嘉靖本同衞氏集說同考文引宋板同毛本禮誤賓

碍不得自往閩監毛本碍作礙衞氏集說同

將奉淳意閩監毛本奉淳作表厚是也衞氏集說同

以與子進賓客閩監毛本同惠棟挍宋本客下有也字

貧者節惠棟云貧者節經注之下接上節賀取至羞疏文

名子者節惠棟云常語之中至後頁注無大小皆相名相字止宋本闕

迎公子黑臀於周閩監毛本同惠棟挍宋本迎作逆。按作迎與宣二年傳合

男女異長節

男子二十冠而字閩監毛本同岳本嘉靖本同衞氏集說同釋文出二十冠石經二十合作廿後並同不復出

男女至而字惠棟挍宋本無此五字

凡進食之禮節 惠棟挍宋本凡進至虛口疏合下疏十。四節在庶人齔之經注之下

醯醬處內 閩監毛本同石經同岳本嘉靖本同衞氏集說同釋文出醢云徐音海本又作醯呼兮反正義云此醢醬徐音作海則醢之與醬兩物各別又云今此經文若作醯字則是一物也又云則醯醬一物爲勝據此正義本從作醯

葱渿處末 閩監毛本同石經同岳本嘉靖本同衞氏集說同釋文出葱渫案渫本字渿唐人避諱字石經中凡偏旁涉世字者多改從云如棄作弃勩作勚葉作茦此渿及楪鞢媟諜堞偞皆是也廣韻葱渫字作藻

言末者殊加也 閩監本同岳本嘉靖本同衞氏集說同考文引宋板同毛本加誤如

酒漿處右 閩本同石經同宋監本同岳本嘉靖本同衞氏集說同惠棟挍宋本同監毛本右誤內石經考文提要云案鄭注云處羹之右王制殷人以食禮疏引此經亦作處右宋大字本宋本九經南宋巾箱本余仁仲本宋劉叔剛本至善堂九經本並作右

客若降等則先祭 閩監毛本同岳本同衛氏集說同惠棟挍宋本若作不嘉靖本同宋監本同考文引古本足利本同是也

如其次 閩監本同岳本嘉靖本同衛氏集說同考文引宋板同毛本如誤所

魚腊湆醬不祭也 閩監毛本同岳本嘉靖本同衛氏集說同浦鏜挍云湇誤湆後同湇醬儀禮作醬湆案五經文字云湇湆並邱及反上從泣下月大羹也上從泣下日幽深也今禮經大羹相承多作大字或傳寫久訛不敢便改此唐人所不敢改者浦鏜輒欲改之非也○按段玉裁云湆字不見於說文則未知張說何本儀禮音義引字林云湆羹汁玉篇廣韻同然則本無異字也

主人延客食胾 各本同此本胾誤誠今正

然後辯殽 惠棟挍宋本同石經同宋監本同岳本嘉靖本同衛氏集說同閩監毛本辯作辨下主人未辯同案五經文字云辯辨並皮勉反上理也下別也經典或通用之禮記亦借辯爲徧字

凡食殽辨於肩　閩監毛本同岳本辨作辯嘉靖本同考文引宋板同

凡進至虛口　惠棟挍宋本無此五字

此一節推明飲食之法也　閩監毛本同惠棟挍宋本推作雜衛氏集說同

但鄭注蔥渫云處醯醬之左　閩監本同毛本醯誤醢衛氏集說亦作醯

此皆是公食下大夫禮云　惠棟挍宋本有皆字此本皆字脫閩監毛本同

捶而施薑桂曰鍛脩　閩本同監毛本捶作棰鍛作腶考文引宋板亦作捶作鍛周禮腊人注棰從木旁鍛從金旁衛氏集說作捶腶

末邊際置右右　惠棟挍宋本作左右是也

左擁簠粱　監毛本同閩本粱作粱

炙胾之屬雖同出於牲　閩監毛本同衛氏集說雖作本

壹以授賓惠棟挍宋本同閩監毛本壹作一

自上而御下閩監本同毛本自誤是考文引宋板亦作自

音義隱云飯舉蕩口也惠棟挍宋本同閩本同監本音義隱三字闕毛本作酳隱義案疏中屢稱音義隱亦或稱隱義

侍食於長者節

正義曰嚮是自爲客法閩監毛本同惠棟挍宋本無正義曰三字

以示敬也惠棟挍宋本此下另行標禮記正義卷第三終記云凡二十七頁

共食不飽節惠棟挍宋本以下首題禮記正義卷第四惠棟又云宋本共食節毋摶飯節卒食節侍飲節長者節賜果節御食節餕餘節御同於長者節偶坐節羹之有菜節爲天子削瓜節爲國君節凡十三節經注俱在三卷則不拜而食經注之下盧文弨云案自此至爲國君節凡十三節經注俱尙

在三卷則不拜而食經注之下截此疏爲四卷起首不可從

爲汗手不絜也閩監毛本同惠棟挍宋本手作生是也宋監本同岳本作爲汙生不潔也衞氏集說作謂汗手不潔也案疏言汗生知此處當作生古書潔多作絜嘉靖本作爲汙手不潔也○按正義云一本汙生不圭圭絜也

則不絜淨閩監毛本同惠棟挍宋本淨下有也字

言手澤汙飯也閩監本作汙此本汙誤汗毛本同今正

毋摶飯節

去手餘飯於器中閩監毛本同岳本同嘉靖本同衞氏集說同考文引宋板於作放

主人辭不能亨石經同岳本嘉靖本同閩監毛本同釋文亨作亯考文引古本同

不得拂放本器中也惠棟挍宋本作也此本也改者閩監毛本同

去手餘飯於器中人所穢者惠棟挍宋本作者是也此本者改也閩監毛本同

羹有菜者用梜閩監毛本作梜此本梜作挾下當梜嚼也同

云巳家不能亨煑閩監毛本同惠棟挍宋本巳作以衞氏集說同

特牲少牢饋食禮惠棟挍宋本作饋此本誤館閩監毛本同今正

卒食節

徹飯齊以授相者閩監毛本同石經同岳本嘉靖本同釋文出齍云本又作齊正義本作齍

北面取粱與醬以降也監本同閩毛本粱作粱是也岳本同嘉靖本亦作粱

當巳坐而跪惠棟挍宋本作巳衞氏集說同此本巳作以閩監毛本同

侍飲於長者節

侍飲於長者惠棟挍宋本如此此本於長者作至敢飲誤監毛本同閩本作至而食

進至侍者前則起　惠棟校宋本同閩監毛本則起作於是非也

尊所者以陳尊之處也　閩監毛本同惠棟校宋本無者字以作謂

侍者起而往尊處拜受之也　惠棟校宋本作之也此本之也作酒謂非閩監毛本同

卿大夫燕飲　閩監毛本作卿此本卿誤鄉今正

所若所觶長者之證也　閩監毛本同惠棟校宋本若字上無所字

長者賜節

不敢亢禮也　各本同通典六十八九作抗

賜果於君前節

嫌棄尊者物也　閩監毛本同岳本棄作弃嘉靖本同通典六十八作嫌弃尊者之物

御食於君節

寫者傳已器中閩監毛本同岳本同惠棟按宋本已作己衛氏集說同

御食於君惠棟按宋本如此此本作御食至皆寫誤也閩監毛本同

餕餘不祭節

及日晚食朝饌之餘惠棟按宋本有朝字此本朝字脫閩監毛本同

御同於長者節

父母有疾節

情不正之言閩監毛本同嘉靖本同惠棟按宋本無此五字宋監本同衛氏集說同考文引古本足利本同通典六十八引同岳本有此五字而別入於釋文按釋文亦無此五字當因正義誤入

父母至而坐惠棟按宋本無此五字

憂亦謂親有病也　閩監毛本同惠棟校宋本病作疾衞氏集說同是也

水潦降節　惠棟云水潦降節進几杖節宋本合爲一節

獻鳥者佛其首　閩監毛本同石經同岳本嘉靖本同釋文出拂其云本又作佛扶拂反下同正義本作佛考文引古本佛作拂

獻車馬者執策綏　閩監毛本同石經同岳本嘉靖本同釋文出筴綏與正義異考文引古本策作筴與釋文合

契券要也　監本作劵岳本同此本券誤劵閩毛本同嘉靖本同

鍬底曰鐏取其鐏地平底曰鐓取其鐓地　惠棟校宋本作鐏地鐓地嘉靖本同宋監本同此本鐏地字不誤鐓地誤鐓也閩監毛本二地字俱誤也岳本同

水潦至其鐓　惠棟校宋本無此五字

但執策綏易呈 閩監毛本同惠棟挍宋本策綏下重策綏二字是也

柱地頭也柱地不淨 閩監毛本柱作拄

持淨頭投與人 閩本同惠棟挍宋本同監毛本投作授

獻之以左手 閩監毛本同惠棟挍宋本以上有而字

操于囚之右邊袂右邊袂 閩監毛本同惠棟挍宋本右邊袂三字不重是也

弓形亦曲嚮下 閩監毛本同惠棟挍宋本亦作示

由從至手與 閩監毛本如此此本誤作由從至下

客卻左手承附 閩監毛本如此此本左上衍○

主人以左手卻之接客手下 惠棟挍宋本作手下此本手下二字倒閩監毛本同

進劍者左首者 閩監毛本同惠棟挍宋本無者字是也

進几杖者節

尊者所馮依 閩監本同岳本嘉靖本同毛本依誤倚

爲其寶而脆 閩監毛本同嘉靖本同惠棟挍宋本脆作脃宋監本同岳本同釋文同五經文字云脃從刀從卪作脆訛

知裹魚肉者 閩本同監毛本知作苞惠棟挍宋本作知苞裹魚肉者

言使之容者 閩監毛本同惠棟挍宋本無此五字

禮記注疏卷二校勘記

附釋音禮記注疏卷第三

曲禮上

禮記　鄭氏注　孔穎達疏

凡爲君使者已受命君言不宿於家急君使也言謂有故所問也聘禮曰君有言則以束帛如饗禮○爲于僞反下注爲哀樂爲其廢喪事並同○君言至則主人出拜君言之辱使者歸則必拜送于門外敬君命也此謂國君問事於其臣○若使人於君所則必朝服而命之使者反則必下堂而受命此臣有所告請於其君○朝直遥反【疏】凡爲至受命○正義曰此一節論相聘問及君臣使人相告之事今各依文解之○受命謂受得君命爲聘使也君言謂受君言宜急去不得停留宿於家也故聘禮既受命遂行舍於郊是也○注言謂至享禮○正義曰

解君言也君之所言謂有事故所問也或問其臣或問他人鄭注聘禮記有故謂灾患及時事相告也云聘禮曰若有言則以束帛如享禮者又證有言必有物將之也此謂行享禮畢而又有此言而又加束帛也鄭注彼云有言有所告請若有所問也記曰有故則束帛加書以將命春秋臧孫辰告糴於齊公子遂如楚乞師晉侯使韓穿來言汶陽之田是其類也○君言至則主人出拜君言之辱○正義曰此謂君使人問其臣臣對使禮也出出門也君使初至則主人出門拜迎君命也辱者言屈辱尊者之命來也使者歸則必拜送于門外者君之使去而又出拜送門外也去既送出門則知初至迎亦出門也此謂國君問事於其臣也若臣遣人往君所及問他人則送迎亦然○若使人於君所則必朝服而命之者此謂臣有故而遣使告君法也亦有物以將之敬君故朝服命使也然命使者言朝服則君言至亦朝服受之互言也使者反則必下堂而受命者謂已使者從君處反還至也去不下送反而下迎者尊君命也不出門者已使卑於君使也亦當拜之不言從上可知也

○博聞強識而讓敦善行而不怠謂之君子敦厚○識如字又式異反行下孟反皇如字怠音代君子不盡人之歡

不竭人之忠以全交也歡謂飲食忠謂衣服之物〔疏〕君子至交也○正義曰此明君子所行之事也○鄭云歡謂飲食忠謂衣服飲食是會樂之具承歡爲易衣服比飲食爲難必關忠誠籌度故名忠各有所以也明與人交者不宜事事悉受若使彼罄盡則交結之道不全若不竭盡交乃全也禮曰君子抱孫不抱子此言孫可以爲王父尸子不可以爲父尸以孫與祖昭穆同○昭時招反爲君尸者大夫士見之則下之君知所以爲尸者則自下之尊尸也下下車也國君或時幼少不能盡識羣臣有以告者乃下之○少式召反○尸必式禮之乘必以几尊者愼也○乘繩證反下注二處乘車同齊者不樂不弔爲哀樂則失正散其思也○齊側皆反樂音洛下無容樂非樂所同思絲嗣反又如字○〔疏〕禮曰至不弔○正義曰此一節論立尸用人相尊敬之法各依文解之○抱孫不抱子者此以明昭穆之例凡稱禮曰者皆舊禮語也爲下事難明故引舊禮

爲證案此篇之首作記之人引舊禮而言曲禮曰此直言禮曰不言曲者從略可知也抱孫不抱子者謂祭祀之禮必須尸尸必以孫今子孫行並皆幼弱則必抱孫爲尸不得抱子爲尸所以然者作記之者既引其禮又自解云此言孫可以爲王父尸子不可以爲父尸故也曾子問云祭成喪者必有尸尸必以孫孫幼則使人抱之無孫則取於同姓可也是有抱孫之法也言無孫取於同姓可者謂無服内之孫取服外同姓也天子至士皆有尸特牲是士禮少牢是大夫禮並皆有尸又祭統云君執圭瓚祼尸是諸侯有尸也又守祧職云若將祭祀則各以其服授尸是天子有尸也天子以下宗廟之祭皆用同姓之嫡故祭統云祭之道孫爲王父尸所使爲尸者於祭者爲子行父北面而事之注云子行猶子列也祭祖則用孫列皆取於同姓之適孫也天子諸侯之祭朝事延尸於戶外是以有北面事尸之禮也雖取孫列用卿大夫爲之故既醉注云天子以卿鄭箋云諸侯入爲天子卿大夫故云公尸天子既然明諸侯亦爾故大夫士亦用同姓嫡者曾子問云無孫取於同姓可也又鄭注特牲禮大夫士以孫之倫爲尸是也言倫明非己孫皇侃用崔靈恩義以大夫用己孫爲尸恐非也天子祭天地社稷山川四方百物及七祀之屬皆有尸也故鳧鷖並云公尸推此而言諸侯祭社稷竟内

山川及大夫有菜地祭五祀皆有尸也外神之屬不問同姓異姓但卜吉則可爲尸案曾子問祭成人必有尸則祭殤無尸若新喪虞祭之時男女各立尸故士虞禮云男男尸女女尸至祔祭之後正用男之一尸以其祔祭漸吉故也凡吉祭祇用一尸故祭統云設同几是也若祭勝國之社稷則士師爲尸知者士師職文用士師者略之故異義公羊說祭天無尸左氏說晉祀夏郊以董伯爲尸虞夏傳云舜入唐郊以丹朱爲尸是祭天有尸也許慎引魯郊祀曰祝延帝尸從左氏之說也○爲君尸者大夫士見之則下之○正義曰此臣爲君作尸者已被卜吉君許用者也下謂下車也古者致齊各於其家散齊亦猶出在路及至祭日之旦俱來入廟故羣臣得於路見君之尸皆下車而敬之○君知所以爲尸者則自下之者此亦謂散齊之時君若在路見尸亦自下車敬之不直云君見尸而云君知者言知則初有不知不知謂君年或幼少不能並識羣臣故於路或不識而臣告君君乃知之所以下也所以知是散齊者君致齊不復出行若祭日君先入廟後乃尸至也○尸必式者廟門之外尸尊未伸不敢亢禮不可下車故式爲敬以荅君也式謂俯下頭也古者車箱長四尺四寸而三分前一後二橫一木下去車牀三尺三寸謂之爲式又於式上二尺二寸橫一木謂之爲較較去車牀凡

五尺五寸於時立乘若平常則馮較故詩云倚重較兮是也又若應爲敬則落手隱下式而頭得俯俛故後云式視馬尾是也鄭注考工記云兵車之式高三尺三寸較兩輢上出式者也兵車自較而下凡五尺五寸然尸在廟中尊伸尚荅主人之拜今在路其尊猶屈君下而已式者以其在路尊未伸故未敢亢禮至於廟中禮伸則亢故荅之○乘必以几者几案在式之上尊者有所敬事以手據之几上有冪君以羔皮以虎緣之也○居喪之禮毀瘠不形視聽不衰爲其廢喪事形謂骨見○瘠音在昔反瘦也見賢遍反升降不由阼階出入不當門隧常若親存隧道也阼才故反隧音遂○居喪之禮頭有創則沐身有瘍則浴有疾則飲酒食肉疾止復初不勝喪乃比於不慈不孝勝任也○創初良反又初亮反瘍音恙本或作痒勝音升任而金反五十不致毀六十不毀七十唯衰麻在身飲酒食肉處於內所以養衰老人

五十始衰也〇衰七雷反

[疏] 居喪至於內○正義曰此一節明孝子居喪此先明居喪平常之法也毀瘠不形者毀瘠羸瘦也形骨露也骨爲人形之主故謂骨爲形也居喪乃許羸瘦不許骨露見也○升降不由阼階者阼階主人之階也孝子事死如事生故在喪思慕猶若父在不忍從父阼階上下也若祔祭以後即得升阼階知者案士虞禮云卒哭以後稱哀子祔祭稱孝子祔祭如饋食之禮既同於吉則孝子得升阼階也然雜記云弔者入主人升堂西面下云既葬蒲席則升堂西面未葬也既言西面則是升自阼階此未葬得升阼階者敬異國之賓也○不勝喪乃比於不慈不孝者結所以沐浴酒肉之義也不勝喪謂疾不食酒肉創瘍不沐浴毀而滅性者也不留身繼世是不慈也滅性又是違親生時之意故云不孝不云同而云比者此滅性本心實非爲不孝故言比也○五十不致毀者致極也五十始衰居喪乃許有毀而不得極羸瘦○六十不毀者轉更衰甚都不許毀也魯襄公三十一年經書九月癸巳子野卒傳云毀也是也○

生與來日死與往日

與猶數也生數來日謂成服杖以死明日數也死數往日謂殯斂以死日數也此士禮貶於大夫者大夫以上皆以來日數士喪禮曰死日而襲厥明而小斂又厥明大斂而殯則死三

日而更言三日成服杖似異日矣喪大記曰士之喪二日而殯三日之朝主人杖二者相推其然明矣與或爲予○數所主反下皆同殯必刃反下同斂力驗反下同貶彼檢反字林方犯反

【疏】生與至往日○正義曰生與來日者此謂士禮與數也謂生人成服杖數來日爲三日死與往日者謂死者殯斂數死日爲三日○注與數至爲予○正義曰貶猶屈也士卑屈故降不如大夫所以厭其殯日然士惟屈殯日不屈成服杖日者成服必在殯後故也云大夫以上皆以來日數數者大夫尊則成服及殯皆不數死日也大夫云三日殯不數死日則天子諸侯亦悉不數死日也故鄭云大夫以上云士喪禮曰死日而襲者注引士喪禮者證殯與成服不同日以其來審故云似異日又引喪大記者更證明士殯與成服不同日故云二者相推其然明矣謂以士喪禮喪大記二者相推校然猶是也殯與成服是異日明矣無所復疑言與或爲予者謂諸本禮記有作予字者故云與或爲予

知生者弔知死者傷知生而不知死弔而不傷知死而不知生傷而不弔

人恩各施於所知也弔傷皆謂致命辭也雜記曰諸侯使人弔辭曰寡君聞君之喪寡君使某如何不淑此施

於生者傷辭未聞也說者有弔辭云皇天降灾子遭罹之如何不淑此施於死者蓋本傷辭辭畢退皆哭○傷如字下同舊式亮反

〔疏〕知生至不弔○正義曰此一節論弔傷之法若存之與亡並識則遣設弔辭傷辭兼行若但識生而不識亡則唯遣設弔辭而無傷辭○知死而不知生傷而不弔者若但識亡唯施傷辭而無弔辭也然生弔死傷其文可悉但記者丁寧言之故其文詳也○注弔傷至皆哭○正義曰皆不自往而遣使致己之命也雜記曰諸侯使人弔辭曰寡君聞君之喪寡君使某如何不淑此施於生者也引雜記者證諸侯有鄰國之喪不得自往遣使往弔致命弔辭之法也然弔辭唯使者口傳之於主國孤而已云傷辭未聞者經典散亡故未聞也說者有弔辭云皇天降灾子遭罹之如何不淑者既未聞傷辭有舊說者云有弔辭如此也施於死者蓋本傷辭也鄭此云舊說疑其非弔辭正是傷辭耳所以然者一則不與雜記弔辭同二則既言皇天降灾子遭罹之明是傷於亡者自身非關弔于孝子也云辭畢退皆哭者然弔辭乃使口致命若傷辭當書之於板使者讀之而奠致殯前也知辭畢皆退而哭者案雜記行弔之後致含襚賵畢乃臨若不致含襚賵則弔訖乃臨也故鄭云弔傷辭畢皆哭

弔喪弗能賻不問其所

費問疾弗能遺不問其所欲見人弗能館不問其所舍賜人者不曰來取與人者不問其所欲皆爲傷恩也見人見行人館舍也與人不問其所欲已物或時非其所欲將不與也○賻音附公羊傳曰錢財曰賻穀梁傳曰歸生者曰賻不問其所費芳味反一本作有所費下句放此遺于季反與也皆爲于僞反下爲其皆同○適墓不登壟爲其不敬壟冢也墓塋域○壟力勇反塋音營助葬必執紼葬喪之大事紼引車索○紼音弗引棺本亦作引車索悉各反臨喪不笑臨喪宜有哀色揖人必違其位禮以變爲敬望柩不歌入臨不翔哀傷之無容樂○柩求又反臨如字舊力鴆反當食不歎食或以樂非歎所鄰有喪舂不相里有殯不巷歌助哀也相謂送杵聲○舂束容反相息亮反注同杵昌呂反適墓不歌非樂所哭日不歌哀未忘也送喪不由徑

送葬不辟塗潦所哀在此○徑經定反邪路也辟音避本亦作避下注同臨喪則必有哀色執紼不笑臨樂不歎介冑則有不可犯之色貌與事宜相配介甲也故君子戒慎不失色於人色厲而內荏貌恭心很非情者也○荏而審反柔弱貌很胡懇反國君撫式大夫下之大夫撫式士下之撫猶據也據式小俛崇敬也乘車必正立○俛音免禮不下庶人為其遽於事且不能備物○下遐嫁反又如字遽其庶反沈又其於反刑不上大夫不與賢者犯法其犯法則在八議輕重不在刑書○上時掌反與音預刑人不在君側為怨恨為害也春秋傳曰近刑人則輕死之道

疏 助葬至君側○正義曰此一節記人雜記吉凶舉動威儀之事各依文解之○助葬必執紼者助葬本非為客正是助事耳故宜必執紼也○注葬喪至車索○正義曰葬喪之大事解所以必執紼之義云紼引車索者繩屬棺曰紼屬車曰引引紼亦通名故鄭云紼引車索

也○揖人必違其位者位謂己之位也於位而見前人已所宜敬者當離己位而嚮彼遥揖禮以變爲敬是以燕禮君降階爾卿大夫鄭注云爾近也揖而移近之明雖君臣皆須違位而揖也○入臨不翔者謂入臨人之喪不得趍翔爲容不翔故不歌歌則猶翔也○當食不歎者吉食奏樂既樂故不宜歎也又若助喪事而食使充飢不令廢事亦不宜歎歎則不飽也○注食或以樂非歎所○正義曰人君吉食則有樂賤者則無故云或也○哭日不歌者哭日謂弔人日也哭歌不可共日也○注哀未忘也○正義曰論語云子於是日哭則不歌而鄭此云哀未忘也則弔日之朝亦得歌樂但弔以還其日晚不歌耳亦得會是日哭則不歌是先哭後乃不歌也○送葬不辟塗潦者前文送喪此云送葬上下文勢皆據他人知者以上適墓不登壟入臨不翔及哭日不歌以文類之故知此等皆據他人也而本亦有云送喪不辟塗潦者義亦通也○介冑則有不可犯之色者亦內外宜相稱也戎容暨暨若身被甲首冠冑則使形勢高岸有不可干犯之色以稱其服也○故君子戒慎不失色於人者并結前義也故承上起下之辭上既言內外宜稱故君子接人凡所行用並使心色如一不得色違於心故云不失色於人也○注色厲而內荏貌恭心很非情者也○正義曰此舉失色之事也小人

顏色嚴厲而心內荏弱爲佞又外乃象恭而心實敖很此並情不副色也故論語云色厲而內荏譬諸小人其猶穿窬之盜也與又云巧言令色足恭書云象恭滔天○國君撫式大夫下之者撫謂手據之謂君臣俱行君式宗廟則臣宜下車此獨云大夫則士可知也大夫撫式士下之者士爲大夫之臣亦如大夫於君也○注乘車必正立○正義曰證所式義也乘車駟馬之車也既並立乘故爲敬時則俯俛據式○禮不下庶人者謂庶人貧無物爲禮又分地是務不服燕飲故此禮不下與庶人行也白虎通云禮爲有知制刑爲無知設禮謂酬酢之禮不及庶人勉民使至於士也故士相見禮云庶人見於君不爲容進退走是也張逸云非是都不行禮也但以其遽務不能備之故不著於經文三百威儀三千耳其有事則假士禮行之○刑不上大夫者制五刑三千之科條不設大夫犯罪之目也所以然者大夫必用有德若逆設其刑則是君不知賢也張逸云謂所犯之罪不在夏三千周二千五百之科不使賢者犯法也非謂都不刑其身也其有罪則以八議議其輕重耳○注不與至刑書○正義曰與猶許也不許賢者犯法若許之則非進賢之道也大夫無刑科而周禮有犯罪致殺放者鄭恐人疑故出其事雖不制刑書不與賢者犯法其犯法則在八議輕重不在刑書若脫或犯法

則在八議議有八條事在周禮一曰議親之辟謂是王宗室有罪也二曰議故之辟謂與王故舊也三曰議賢之辟謂有德行者也四曰議能之辟謂有道藝者也五曰議功之辟謂有大勳立功者也六曰議貴之辟謂貴者犯罪即大夫以上也鄭司農云若今之吏墨綬有罪先請者案漢時墨綬者是貴人也七曰議勤之辟謂憔悴憂國也八曰議賓之辟謂所不臣者三恪二代之後也異義禮戴說刑不上大夫古周禮說士尸肆諸市大夫尸肆諸朝是大夫有刑許慎謹案易曰鼎折足覆公餗其刑渥凶無刑不上大夫之事從周禮之說鄭康成駁之云凡有爵者與王同族大夫以上適甸師氏令人不見是以云刑不上大夫如鄭之言則於戴禮及周禮二說俱合但大夫罪未定之前則皆在八議此經注是也若罪已定將刑殺則適甸師氏是也凡王朝大夫以上及王之同姓皆刑之於甸師氏故掌戮云凡有爵者及王之同族有罪則死刑焉是也若王之庶姓之士及諸侯大夫則戮於朝故襄二十二年楚殺令尹子南尸諸朝是大夫於朝也列國大夫入天子之國曰某士明天子之士亦在朝也諸侯大夫旣在朝則諸侯之士在市故檀弓云君之臣不免於罪則將肆諸市朝鄭云大夫於朝士於市是也○刑人不在君側者彼刑殘者不得令近君爲其怨恨也白虎通云古者刑殘之人

公家不畜大夫不養士遇之路不與語放諸墝埆不毛之地與禽獸為伍。注春秋傳曰近刑人則輕死之道。正義曰此引公羊傳證刑人在君側之失者也春秋魯襄公二十九年閽弒吳子餘祭公羊云閽者何刑人也。君子不近刑人近刑人則輕死之道也又左傳云吳伐越獲俘焉以為閽使守舟吳子餘祭觀舟閽以刀弒之

○兵車不式 尚威武不崇敬 武車綏旌 盡飾也綏謂垂舒之也武車亦兵車。綏耳隹反 德車結旌 不盡飾也結謂收斂之也德車乘車

疏 兵車至結旌。正義曰此一節明德車兵車旌旗之異。兵車革路也兵車尚武猛宜無推讓故不為式敬也。武車綏旌者武車亦革路也取其建戈刃即云兵車取其威猛即云武車也綏謂舒垂散之也旌謂車上旗幡也尚威武故舒散旗幡垂綏然何胤云垂放旌旗之旒以見於美也。德車結旌者德車謂玉路金路象路木路四路不用兵故曰德車德美在內不尚赫奕故結纏其旒著於竿也何胤云以德為美故略於飾此坐乘之車也鄭前云乘車必正立此云是乘車則非坐乘也

○史載筆士載言 謂從於會同各持其職以待事也筆謂書具之屬言謂會同盟要之辭 前有水則載

青旌前有塵埃則載鳴鳶前有車騎則載飛鴻前有士師則載虎皮前有摯獸則載貔貅載謂舉於旌首以警衆也禮君行師從卿行旅從前驅舉此則士衆知所有所舉各以其類象。青青雀水鳥鳶鳴則將風。鴻取飛有行列也士師謂兵衆虎取其有威勇也貔貅亦摯獸也書曰如虎如貔士或爲仕○載音戴本亦作戴下及注同埃烏來反鳶悅專反鴟也騎其寄反摯音至貔婢支反徐扶夷反孔安國云貔執夷虎屬皆猛健貅本亦作貅許求反又虛虯反貔貅摯獸警音景從才用反下同行戶剛反行前朱鳥而後玄武左青龍而右白虎招搖在上急繕其怒以此四獸爲軍陳象天也急猶堅也繕讀曰勁又畫招搖星於旌旗上以起居堅勁軍之威怒象天帝也招搖星在北斗杓端主指者○招搖並如字北斗第七星繕依注音勁吉政反陳直覲反杓敷招反徐必遙反進退有度度謂伐與步數左右有局各司其局局部分也。分扶問反

疏史載至其局○正義曰此一節

明君以軍行之禮各隨文解之○史謂國史書録王事者王若舉動史必書之王若行往則史載書具而從之也不言簡牘而云筆者筆是書之主則餘載可知爾雅云不律謂之筆郭云書筆名四方之異言也○士載言者士謂司盟之士言謂盟會之辭舊事也崔靈恩云必載盟會之辭者或尋舊盟或用舊會之禮應須知之故載自隨也○前有水則載青旌者王行宜警衛善惡必先知之故備設軍陳行止之法也軍陳卒伍行則並銜枚無諠聲若有非常不能傳道且人衆廣遠難可周徧故前有變異則舉類示之故宣十二年左傳云前茅慮無是也青旌者青雀旌謂旌旗軍行若前值水則畫爲青雀旌旗幡上舉示之所以然者青雀是水鳥軍士望見則咸知前必值水而各防也○前有塵埃則載鳴鳶者鳶今時鴟也鴟鳴則風生風生則塵埃起前有塵埃起則畫鴟於旌首而載之衆見咸知以爲備也不直言鳶而云鳴者鳶不鳴則風不生故畫作開口如鳴時也不言旌從可知也○前有車騎則載飛鴻者車騎彼人之車騎也鴻鴻鴈也鴈飛有行列與車騎相似若軍前忽遥見彼人有多車騎則畫鴻於旌首而載之使衆見而爲防也然古人不騎馬故經但記正典無言騎者今言騎者當是周末時禮○前有士師則載虎皮者士師兵衆也虎是威猛亦兵衆之象若見前有兵衆則

舉虎皮於竿首使兵衆見以爲防也○前有摯獸則載貔貅
者摯獸猛而能擊謂虎狼之屬也貔貅是一獸亦有威猛也
若前有猛獸則舉此貔貅使衆知爲備也但不知爲載其皮
爲畫其形耳通有二家一云與虎皮並畫作皮於旌也一云
並載其皮○注載謂至如貔○正義曰載謂舉於旌首以警
衆也文並爲載而鄭今云舉於旌首是明諸物並在旌旗首
也云禮君行師從卿行旅從此是定四年祝佗之辭此嘉好
之事若爲其出軍征伐則隨軍多少與此不同云書曰如虎
如貔者此尚書牧誓引證虎貔同是猛獸也此武王伐紂時
於牧野作誓誡士卒爲戰之辭也令士衆皆如虎貔然也鄭
注尚書云其威當如獸之將攫搏也貔一名曰豹虎類也爾
雅云貔白狐也行前朱鳥而後玄武左青龍而右白虎者前
明軍行逢値之禮也此明軍行象天文而作陳法也前南後
北左東右西○朱鳥玄武青龍白虎四方宿名也軍前宜捷故
用鳥軍後須殿捍故用玄武玄武龜也龜有甲能禦侮用也
左爲陽陽能發生象其龍變生也右爲陰陰沈能殺虎沈殺
也軍之左右生殺變應威猛如龍虎也何胤云如鳥之翔如
蛇之毒龍騰虎奮無能敵此四物鄭注四獸爲軍陳則是軍
陳之法也但不知何以爲之耳今之軍行畫此四獸於旌旗
以標左右前後之軍陳○招搖在上者招搖北斗七星也北

斗居四方宿之中以斗末從十二月建而指之則四方宿不差今軍行法之亦作此北斗星在軍中舉之於上以指正四方使四方之陳不差故云招搖在上也然並作七星而獨云招搖者舉指者爲主餘從可知也○急繕其怒者嚮明軍陳之法此舉士卒之用也急堅也勁利也其怒士卒之怒也軍行既張四宿於四方標招搖於中上象天之行故軍旅士卒起居舉動堅勁奮勇如天帝之威怒也然若類前而論四宿之陳畫旌爲勝且鄭云又畫招搖於旌上則知四物是畫故星○約言云又畫也崔靈恩云此謂軍行所置旌旗於四方以法天此旌之旒數皆放其星龍旗則九旒雀則七旒虎則六旒龜蛇則四旒皆放星數以法天也皆畫招搖於此四旗之上案崔並畫四四旗皆爲北斗星於義不安何者天唯一斗以指四方何用四斗乎○注以此至指者○正義曰此朱雀是禽而揔言獸者通言耳言爲軍陳者則四獸各有軍陳之法故昭二十一年宋人與華亥戰云鄭翩願爲鸛其御願爲鵞又兵書云善用兵者似率然率然者常山蛇擊其首則尾至擊其尾則首至擊其中則首尾俱至是其各有陳法也知招搖在北斗杓端者春秋運斗樞云北斗七星第一天樞第二旋第三機第四權第五衡第六開陽第七搖光第一至第四爲魁第五至第七爲標案此搖光則招搖也在下云端者明魁

以上爲首標則以下爲端也○注瘦謂伐與步數○正義曰牧誓武王誓衆云今日之事不愆于六步七步乃止齊焉四伐五伐乃止齊焉一擊一刺爲一伐鄭注尚書云伐謂擊刺也始前既敵六步七步當止齊正行列及兵相接少者四伐多者五伐又當止齊正行列也○左右有局局者局部分也軍之在左右各有部分不相濫也○各司其局者軍行須監領故主帥部分各有所司部分也爾雅云局分也郭云謂分部也

○**父之讎弗與共戴天**父者子之天殺已之天與共戴天非孝子也行求殺之乃止○讎常由反

兄弟之讎不反兵恒執殺之備○

交遊之讎不同國讎不吾辟則殺之交遊或爲朋友

（疏）父之至同國○正義曰此一節論親疏復讐之法今各依文解之○父之讎弗與共戴天者父是子之天彼殺已父是殺已之天故必報殺之不可與共處於天下也天在上故曰戴又檀弓云父母之仇寢苫枕干不仕弗與共天下也遇諸市朝不反兵而鬭並是不共天下也而調人云父之讐辟諸海外則得與共戴天此不共戴天者謂孝子之心不許共讐人戴天必殺之乃止調人謂逢遇赦宥王法辟諸海外孝子雖欲往殺力所不能故鄭荅趙商云讐若在九夷之東八蠻之南六

戎之西五狄之北雖有至孝之心能往討之乎是也○兄弟之讐不反兵者兄弟謂親兄弟也有兄弟之讐乃得仕而報之不反兵者謂帶兵自隨也若行逢讐身不帶兵方反家取之比來則讐已逃辟終不可得故恒帶兵見即殺之也檀弓云父母之讐不反兵兄弟之仇仕弗與共國而此云兄弟不反兵者父母不反兵於普天之下也兄弟不共國謂不同中國也而亦不反兵者父母仇讐則不仕不辟市朝兄弟仇讐則猶仕而辟市朝也而亦同不反兵則同體重之也而調人云兄弟之讐辟諸千里之外二文不同者調人亦謂會遇恩赦之法辟諸千里之外檀弓又云銜君命而使雖遇之不鬭雖同不反兵與父母讐異也○交遊之讐不同國者交遊朋友也爲朋友亦報仇也故前云父母存不許友以死則知父母没得爲朋友報也此云不同國者謂不共五等一國之中也而調人云從父母兄弟之讐不同國與此同又調人云主友之讐視從父兄弟是主友亦同此與調人皆謂會赦故不同國雖不同國國外百里二百里則可其兄弟仕不與共國者必須相去千里之外故調人云兄弟之讐辟諸千里之外是也但從父兄弟及交遊主友報讐之時不自爲首故檀弓云從父兄弟之仇不爲魁主人能則執兵而陪其後也其君之讐調人云視父師長之讐視兄弟則姑姊妹伯叔皆視兄

弟異義公羊說復百世之讎古周禮說復讎之義不過五世許慎謹案魯桓公爲齊襄公所殺其子莊公與齊桓公會春秋不譏又定公是魯桓公九世孫孔子相定公與齊會於夾谷是不復百世之讎也從周禮說鄭康成不駁即與許慎同凡君非理殺臣公羊說子可復讎故子胥伐楚春秋賢之左氏說君命天也是不可復讎鄭駁異義稱子思云今之君子退人若將隊諸淵無爲戎首不亦善乎子胥父兄之誅隊淵不足喩伐楚。使吳首兵合於子思之言也是鄭善子胥同公羊之義也

○四郊多壘此卿大夫之辱也 辱其謀入之國不能安也壘軍壁也數見侵伐則多壘○壘徐力軌反又力水反辟本又作壁布狄反數色角反

地廣大荒而不治此亦士之辱也 辱其親民不能安荒穢也

【疏】四郊至辱也○正義曰此明食祿所宜任其事也四郊者王城四面並有郊近郊五十里遠郊百里諸侯亦各有四面之郊里數隨地廣狹故云四郊也壘軍壁也言卿大夫尊高任當軍帥若有威德則無敢見侵若尸祿素餐則寇戎充斥數戰郊坰故多軍壘罪各有所歸故爲卿大夫之恥辱也○地廣大荒而不治此亦士之辱也者地采地也荒廢穢也士邑宰也士爲君邑宰必

宜地民相得若使士地廣大而荒廢民散而流移亦邑宰之恥辱也而云亦者今謂非但大夫之辱亦是士之辱言四郊多壘獨爲大夫之辱士則職卑位下爲君邑宰勸課耕稼故地荒爲士之辱也○臨祭不惰無神也○爲于僞反下爲不爲其爲有皆同祭服敝則焚之祭器敝則埋之龜筴敝則埋之牲死則埋之此皆不欲人褻之也焚之必已不用埋之不知鬼神之所爲○埋徐武乖反褻息列反慢也○凡祭於公者必自徹其俎臣不敢煩君使也大夫以下或使人歸之祭於公助祭於君也○使色吏反○【疏】臨祭至其俎○正義曰此一節明接神及歸俎之禮○臨祭不惰者祭如在故臨祭須敬不得怠惰故鄭注云爲無神也鬼神享德祭若怠惰則神不歆是無神也旣謂其不敬亦是無神之心也○注此皆不欲人褻之○正義曰若不焚埋人或用之爲褻慢鬼神之物所以焚之埋之異者服是身著之物故焚之牲器之類竝爲鬼神之用雖敗不知鬼神用與不用故埋之猶在焚之則消故焚埋異也○注臣不至君也○正義曰此謂士助君祭也若大夫以上則君使人歸之於俎而禮本竝云大夫以

下或人歸之是鄭因君以明臣言大夫以下自祭其廟則○使人歸賓俎故曾子問云攝主不歸俎明正主則歸也

卒哭乃諱敬鬼神之名也諱辟也生者不相辟名衛侯名惡大夫有名惡君臣同名春秋不非○辟音避下皆同○

禮不諱嫌名二名不偏諱爲其難辟也嫌名謂音聲相近若禹與雨丘與區也偏謂二名不一一諱也孔子之母名徵在言在不稱徵言徵不稱在○禹與雨並于矩反一讀雨音于許反丘與區並去求反一讀區音羌蚯反又上于反案漢和帝名肇不改京兆郡魏武帝名操陳思王詩云脩阪造雲日是不諱嫌名

逮事父母則諱王父母不逮事父母則不諱王父母逮及也謂幼孤不及識父母恩不至於祖名孝子聞名心瞿諱之由心此謂庶人適士以上廟事祖雖不逮事父母猶諱祖○逮音代一音大計反瞿本又作懼同俱附反適丁歷反○

君所無私諱謂臣言於君前不辟家諱尊無二○

大夫之所有公諱辟君諱也

詩書不諱臨文不諱爲其失事正

廟中不諱爲有事於高祖則不

諱曾祖以下尊無二也於下則諱上夫人之諱雖質君之前臣不諱也臣於夫人之家恩遠也質猶對也○婦諱不出門婦親遠於宮中言辟之○大功小功不諱入竟而問禁入國而問俗入門而問諱皆爲敬主人也禁謂政教俗謂常所行與所惡也國城中也○竟音境惡烏路反

【疏】卒哭至問諱○正義曰此一節論諱與不諱之事各依文解之○古人生不諱故卒哭前猶以生事之則未諱至卒哭後服已受變神靈遷廟乃神事之敬鬼神之名故諱之諱避也生不相避名名以名質故言之不諱死則質藏言之則感動孝子故諱之也○注衛侯至不非○正義曰證生不相諱也時君臣同名春秋不譏案魯襄公二十八年衛石惡出奔晉二十九年衛侯衎卒衛侯惡乃即位與石惡不相干熊氏云石字誤當云大夫有名惡知者昭七年衛侯惡卒穀梁傳云昭元年有衛齊惡今衛侯惡何謂君臣同名也君子不奪人親所名也是衛齊惡不得爲石惡也○禮不諱嫌名注若禹與雨丘與區○正義曰今謂禹與雨音同而義異丘與區音異而義同此二者各有嫌疑禹與雨有同音嫌疑丘與區有同義

嫌疑如此者不諱若其音異義異全是無嫌不涉諱限必共
音同義同乃始諱也○二名不偏諱注孔子之母名徵在言
在不稱徵言徵不稱在○正義曰不偏諱者謂兩字作名不
一一諱之也孔子言徵不言在言在不言徵者案論語云足
則吾能徵之矣是言徵也又云某在斯是言在也案異義公
羊說譏二名謂二字作名若魏曼多也左氏說二名者楚公
子弃疾弑其君即位之後改爲熊居是爲二名許愼謹案云
文武賢臣有散宜生蘇忿生則公羊之說非也從左氏義也
逮事王父母者逮及也王父母謂祖父母也若及事父母則
諱祖也何以然孝子聞名心瞿祖是父之所諱則子不敢言
旣已終不言若父母已亡而已言便心瞿憶父母故諱之也
○不逮事父母則不諱王父母者孝子若幼少孤不及識父
母便得言之故不諱祖父母庾云諱王父母之恩正應由父
所以連言母者婦事舅姑同事父母且配夫爲體諱敬不殊
故幼無父而識母者則可以諱王父母也○注此謂至諱祖
正義曰適士已上廟事祖者祭法云適士二廟祖之與禰各
一廟其中士下士亦廟事祖但祖禰共廟則旣夕禮一廟是
也熊氏云此適士者包中下士對庶人府史亦稱適也○大
夫之所有公諱者今謂人於大夫之所正得避公家之諱不
得避大夫諱所以然者尊君諱也君諱也若兼爲大夫諱則

君諱不尊也不言士之所諱者士卑人不爲之諱故也或可
大夫所有公諱者君及大夫諱耳亦無已之私諱玉藻云於
大夫所有公諱無私諱但此文上承君所有私諱之下唯云
大夫之所有公諱故略之不云無私諱耳○詩書不諱何胤
云詩書謂教學時也臨文謂禮執文行事時也案論語云詩
書執禮是教學唯詩書有誦禮則不誦唯臨文行事若有所
諱則並失事正故不諱也○廟中不諱者謂有事於高祖廟
祝嘏辭說不爲曾祖已下諱也爲尊無二上也於下則諱上
也若有事於禰則諱祖已上也○夫人之諱雖質君之前臣
不諱也者夫人君之妻質對也夫人本家所諱臣雖對君前
而言語不爲諱也臣於夫人之家恩遠故不諱也○婦諱不
出門者門謂婦宮門婦家之諱但於婦宮中不言耳若於宮
外則不諱也故臣對君不諱也○注婦親遠於宮中言辟之
之陳鏗問云雜記母之諱宮中諱妻之諱不舉諸其側也此
則與母諱同何也田瓊荅曰雜記方分尊卑故詳言之曲禮
據不出門大略言之耳母諱遠妻諱近則亦宜言也但所辟
者狹耳○大功小功不諱者古者朞親則爲諱陳鏗問曰亦
爲父乎自已親乎田瓊荅曰雜記云卒哭而諱王父母兄弟
世父叔父姑姊妹子與父同諱父諱齊衰親也然則大功小
功不諱矣熊氏云大功亦諱小功不諱若小功與父同諱則

亦諱之知者雜記云王父母兄弟世父叔父姑姊妹子與父同諱是父之世叔父及姑姊妹以下皆爲之小功父爲諱故已從父爲之諱○入境而問禁者此以下並爲敬主人也竟界首也禁謂國中政教所忌凡至竟界當先訪問主國何所禁也入國而問俗者○國城中城中如今國門內也俗謂常所行也入主人之城內亦先問風俗常行也○入門而問諱者門主人之門也諱主人祖先君名宜先知之欲爲避之也問諱而以門爲限者主人出至大門外迎客客入門方應交接故於門爲限也故注云皆爲敬主人也○。外事以剛日順其出爲陽也出郊爲外事春秋傳曰甲午祠兵○內事以柔日順其居內爲陰凡卜筮日旬之外曰遠某日旬之內曰近某日旬十日也○筮市制反○喪事先遠日吉事先近日孝子之心喪事葬與練祥也吉事祭祀冠取之屬也○冠古亂反○曰爲日假爾泰龜有常假爾泰筮有常命龜筮辭龜筮於吉凶有常大事卜小事筮○假古雅反下同卜筮不過三求吉不過三魯四卜郊春秋譏之。

卜筮不相襲

卜不吉則又筮筮不吉則又卜是瀆龜筴也晉獻公卜取驪姬不吉公曰筮之是也○瀆徒木反驪力知反○

〔疏〕外事至相襲○正義曰此一節明卜筮及用日之法各依文解之○外事以剛日者外事郊外之事也剛奇日也十日有五奇五偶甲丙戊庚壬五奇爲剛也外事剛義故用剛日也○注順其至祠兵○正義曰以出在郊外故順用剛日也公羊莊公八年正月師次於郎以俟陳人蔡人甲午祠兵傳云祠兵者何出曰祠兵何休云禮兵不徒使故將出兵必祠於近郊此鄭所引直取甲午證用剛日事耳其祠兵之文鄭所不用故異義公羊說以爲甲午祠兵左氏說甲午治兵鄭駁之云公羊字誤也以治爲祠因爲作說引周禮四時田獵治兵振旅之法是從左氏之說不用公羊也○內事以柔日者內事郊內之事也乙丁己辛癸五偶爲柔也然則郊天是國外之事應用剛日而郊特牲云郊之用辛非剛也又社稷是郊內應用柔日而郊特牲云祀社日用甲非柔也所以然者郊社尊不敢同外內之義故也此言外剛內柔自謂郊社之外他禮則皆隨外內而用之崔靈恩云外事指用兵之事內事指宗廟之祭者以郊用辛社用甲非順其居外內剛柔故也祭社用甲所以召誥用戊者召誥是告祭非常禮也郊之用辛者唯夏

正郊天及雩大享明堂耳若圜丘自用冬至日五時迎氣各用其初朔之日不皆用辛○凡卜筮日者凡先聖王之所以立卜筮者下云所以使民信時日敬鬼神決嫌疑定猶與也卜筮必用龜蓍者案劉向云蓍之言耆龜之言久龜千歲而靈蓍百年而神以其長久故能辯吉凶也說文云蓍蒿屬也生千歲三百莖易以爲數天子蓍九尺諸侯七尺大夫五尺士三尺陸機草木疏云似藾蕭青色科生洪範五行傳曰蓍生百年一本生百莖論衡云七十年生一莖七百年十莖神靈之物故生遲也史記曰滿百莖者其下必有神龜守之其上常有雲氣覆之淮南子云上有藂蓍下有伏龜卜筮實問於神龜筮能傳神命以告人故金縢告大王王季文王云爾之許我乃卜三龜一襲吉是能傳神命也又鄭注天府云卜筮實問於鬼神龜筮能出其卦兆之占耳案白虎通稱禮三正記天子龜一尺二寸諸侯一尺大夫八寸士六寸龜陰也故其數偶筮者案少牢大夫立筮鄭云大夫蓍長五尺推此而言天子九尺諸侯七尺士三尺蓍陽也故其數奇所以謂之卜筮者師說云卜覆也以覆審吉凶筮決也以決定其惑劉氏以爲卜赴也赴來者之心筮問也問筮者之事赴問互言之案易繫辭云定天下之吉凶成天下之亹亹者莫大乎蓍龜又云蓍之德圓而神卦之德方以知神以知來知以藏往

又説卦云昔者聖人幽贊於神明而生蓍據此諸文蓍龜知靈相似無長短也所以僖四年左傳云筮短龜長不如從長者時晉獻公卜娶驪姬不吉更欲筮之故太史史蘇欲止公之意託云筮短龜長耳實無優劣也若杜預鄭玄因筮短龜長之言以爲實有長短故杜預注傳云物生而後有象象而後有滋滋而後有數龜象筮數故象長數短是也象所以長者以物初生則有象去初既近且包羅萬形故爲長數短者數是終末去初既遠推尋事數始能求象故以爲短也又鄭康成注占人云占人亦占筮言掌占龜者筮短龜長主於長者是鄭及杜預皆以爲龜長筮短凡卜筮天子諸侯若大事則卜筮並用皆先筮後卜故筮人云凡國之大事先筮而後卜即事之漸大事者則大卜云國大貞卜立君卜大封大祭祀凡出軍旅喪事及龜之八命一曰征二曰象三曰與四曰謀五曰果六曰至七曰雨八曰瘳此等皆爲大事故鄭注占人云將卜八事皆先以筮筮之是也若次事則唯卜不筮也故表記云天子無筮鄭注云謂征伐出師若巡守天子至尊大事皆用卜也是天子出行唯卜無筮是也小事無卜唯筮筮人掌九筮之名一曰筮更謂遷都邑也二曰筮咸咸猶僉也謂筮衆心歡不也三曰筮式謂制作法式也四曰筮目謂事衆筮其要所當也五曰筮易謂民衆不說筮所改易也六

曰筮比謂與民和比也七曰筮祠謂筮牲與日也八曰筮參謂筮御與右也九曰筮環謂筮可致師不鄭注占人不卜而徒筮者則用九筮是也天子既爾諸侯亦然故春秋僖二十五年晉卜納襄王得黃帝戰於阪泉之兆又筮之得大有之睽哀九年晉卜伐宋亦卜而後筮是大事卜筮並用也但春秋亂世皆先卜後筮不能如禮其禮既先筮後卜尚書先云龜從者以尊卑言之故先言龜也鄭注周禮云筮凶則止不卜所以洪範有筮逆龜從者崔靈恩云凡卜筮天子皆用三代著龜若三筮並凶則止而不卜鄭云若一吉一凶雖筮逆猶得卜之也則洪範所云者是也其大夫則大事卜小事筮大事則葬地及葬日爲事之大則卜故雜記云大夫卜宅與葬日是也其小事用筮則少牢常祀筮日是也士亦大事卜小事筮故士喪禮卜葬日以喪葬爲重須定吉凶故用卜也其尋常吉祭比葬爲輕故筮日也葬既卜日得吉餘事皆吉可知故唯筮葬地不復用卜也○旬之外曰遠某日者案少牢大夫禮今月下旬筮來月上旬是旬之外日也主人告筮者云欲用遠某日故少牢云日用丁巳筮旬有一日吉乃官戒既云旬有一日是旬外一日此謂大夫禮○旬之內曰近某日者案特牲士禮云不諏日注云士賤職褻時至事暇可以祭則筮其日不如少牢大夫先與有司於廟門諏丁巳之

日是士於旬初即筮旬內之日是旬之內日也主人告筮者云用近某日此據大夫士故有旬內旬外之日也若天子諸侯其有雜祭或用旬內或用旬外其辭皆與此同案少牢特牲其辭皆云來日丁亥不云遠某日近某日者彼文不具也○喪事先遠日者喪事謂葬與二祥是奪哀之義也非孝子之所欲但制不獲已故卜先從遠日而起示不宜急微伸孝心也故宣八年左傳云禮卜葬先遠日辟不懷杜云懷思也辟不思親也此尊卑俱然雖士亦應今月下旬先卜來月下旬不吉卜中旬不吉卜上旬○吉事先近日者吉事謂祭祀冠昏之屬故少牢云若不吉則及遠日又筮日如初是先近日也○曰爲至有常者曰命龜筮辭也卜擇吉日故云曰爲日○假爾泰龜有常假爾泰筮有常○假因也爾汝也爾謂指蓍龜也泰大中之大也欲褒美此龜筮故謂爲泰龜泰筮也有常者言汝泰龜泰筮決判吉凶分明有常也故云假爾泰龜泰筮有常凡卜筮大夫以上命龜有三命筮有二其一爲事命龜涖卜之官以主人卜事命卜史是一也二卜史既得所卜之命更序述涖卜所陳之辭名曰述命二也卜人即席西面命龜云假爾泰龜有常三也命筮二者一爲事命筮則主人以所爲之事命筮史是一也二則筮史得主人之命遂述之爲述命是二也士則命龜有二命筮有一知士命筮有

一者士喪禮云命筮人○哀子某爲其父筮宅筮人許諾不述命注云不述者士禮略是士命筮一也知士命龜二者士喪禮涖卜命曰哀子某卜葬其父無有近悔許諾不述命乃云即席西面坐命龜既云不述命是士命龜三也知大夫命筮二者以士云命筮不述命則知大夫以上述命也故少牢云主人曰孝孫某來日丁亥用薦歲事於皇祖伯某又云史遂述命曰假爾泰筮有常孝孫某來日丁亥云是大夫命筮二但冠即席所命于述命之上也知大夫命龜三者以士喪禮涖卜爲事命龜又有即席西面命龜云不述命明大夫有述命故知大夫命龜三也○注大事卜小事筮○正義曰此大事者謂小事之中爲大事非周禮大貞大封及八事之等故得用卜而已或云大事卜者揔兼大貞大封及八事等雖卜筮並用揔指用卜故云大事卜但大事則先筮後卜卜筮俱有若小事筮徒有筮而無卜也○卜筮不過三者王肅云禮以三爲成也上旬中旬下旬三卜筮不吉則不舉也鄭意不過三者謂一卜不吉而凶又卜以至於三三若不吉則止若筮亦然也故魯有四卜之譏崔靈恩云謂不過三用若大事龜筮並用者先用三王筮次用三王龜始是一也三如是乃爲三也若初始之時三筮三龜皆凶則止或逆多從少或從多逆少如此者皆至於三也單卜單筮其法惟一用而已

不吉則擇遠日不至於三也前以用三王之龜筮者有逆有
從故至三也此唯用一故不至三也案崔解亦有三王龜筮
也○注魯四卜郊春秋譏之○正義曰卜郊之事或三或四
或五襄七年夏四月三卜郊不從乃免牲僖三十一年及襄
十一年夏四月四卜郊不從成十年夏四月五卜郊不從三
傳之說參差不同若左氏之說魯郊常祀不須卜可郊與否
但卜牲與日唯周之三月爲之不可在四月雖三卜亦爲非
禮故僖三十一年左傳云禮不卜常祀是常祀不卜也襄七
年左傳云啓蟄而郊郊而後耕今既耕而卜郊宜其不從也
是用周之三月不可至四月也若公羊之義所云卜者皆爲
卜日故僖三十一年公羊傳云三卜禮也四卜非禮也又成
十七年公羊傳云郊用正月上辛何休云魯郊摶卜三正三
王之郊一用夏正又定十五年禮三卜之運也何休云運轉
也已卜春三正不吉復轉卜夏三月周五月得一吉故五月
郊如休之意魯郊轉卜三正假令春正月卜不吉又卜殷正
殷正不吉則用夏正郊天若此三正之內有凶不從則得卜
夏三月但滿三吉日則得爲郊此公羊及何休之意也穀梁
之說春秋卜者皆卜日也哀元年穀梁傳云郊自正月至三
月郊之時也或以十二月下辛卜正月上辛如不從則以
正月下辛卜二月上辛如不從則以二月下辛卜三月上辛

如不從則不郊如是穀梁三正正月卜吉則爲四月五月則不可與公羊之説同與何休意異休以四月五月卜滿三吉則可郊也若鄭玄意禮不當卜常祀與左氏同故鄭箴膏肓云當卜祀日月爾不當卜可祀與否鄭又云以魯之郊天惟用周正建子之月牲數有災不吉改卜後月故或用周之二月三月故有啓蟄而郊四月則不可故駮異義引明堂云孟春正月乘大路祀帝於郊又云魯用孟春建子之月則與天子不同明矣魯數失禮牲數有災不吉則改卜後月如鄭之言則與公羊穀梁傳卜三正不同也此云魯四卜郊春秋譏之用公羊穀梁傳三卜正四卜非正也是四卜爲譏三卜得正與左氏意違左氏三卜亦非故也○卜筮不相襲者襲因也前卜不吉則止不得因更筮若前筮不吉則止不得因更卜是不相襲也若相因不止是瀆龜筮則神不告也王云三筮及三卜不相襲三者初各專其心也○注卜不至是也○正義曰晉獻公初卜不吉故公云更筮之是因襲也表記云卜筮不相襲鄭云襲因也大事則卜小事則筮然與此注不同者明襲有二義故兩注各舉其一一則大事小事各有所施不得因龜卜小事因蓍筮大事也二則筮不吉不可復卜卜不吉不可復筮也

龜爲卜筴爲筮卜筮者先聖王之所

以使民信時日敬鬼神畏法令也所以使民
決嫌疑定猶與也故曰疑而筮之則弗非也
日而行事則必踐之弗非無非之者日所卜筮之吉日也踐讀曰善聲之誤也筴或
為著○與音預本亦作豫踐依注音善王如字云履也著音尸疏龜為至踐之○正義曰解卜筮所用也龜處筮
後龜覆於筮筴為筮者著筮在龜前為決也謂著為筴者筴以
謀筴為義言用此物以謀於前事也○卜筮者先聖王之所
以使民信時日者解所以須卜筮之義也先聖王伏羲以來
聖人為天子者不直云先王又加聖字者夫王未必聖古來
非一聖不必王孔子是也明造制卜筮必須聖位兼并時者
四時及一日十二時也日者甲乙之屬聖王制此卜筮使民
擇慎而信時日與吉凶也○敬鬼神者乃擇吉而祭祀是敬
鬼神也畏法令者法典則也令教訓也君行法令若依卜筮
而為之則民敬而畏之也○所以使民決嫌疑者事既異故
更云所以有嫌疑而卜筮決斷之也○定猶與也者說文云
猶獸名玃屬與亦是獸名象屬此二獸皆進退多疑人多疑
惑者似之故謂之猶與○故曰疑而筮之則弗非也者引舊

語以結之卜筮所以定是非也若有疑而筮之則人無非之也不言卜者從可知也○日而行事則必踐之者踐善也言卜得吉而行事必善也王云卜得可行之日必履而行之踐履也弗非無非之者也○君車將駕則僕執策立於馬前監駕且爲馬行○監古銜反爲于僞反○已駕僕展軨展軨具視○軨歷丁反一音領盧云車轄頭靼也舊云車闌也效駕白已駕○奮衣由右上取貳綏奮振去塵也貳副也○上時掌反下犬馬不上下注而上車同去羌呂反跪乘未敢立敬也○乘繩證反下除乘君不乘奇車乘路馬皆同○執策分轡驅之五步而立調試之○轡悲位反四馬入轡故云分○君出就車則僕并轡授綏車上僕所主○并必政反左右攘辟謂羣臣陪位侍駕者攘卻也或者攘古讓字○攘如羊反卻也又音讓辟音避徐扶亦反本或作避字非也○車驅而騶至于大門君撫僕之手而顧命車右就車門閭溝渠必

步車右勇力之士備制非常者君行則陪乘君式則下步行○驅起俱反徐起遇反騶仕救反又七須反徐仕遘反○凡僕人之禮必授人綏若僕者降等則受不然則否若僕者降等則撫僕之手不然則自下拘之撫小止之謙也自下拘之由僕手下取之也僕與己同爵則不受○拘古侯反又音俱○客車不入大門謙也婦人不立乘異於男子犬馬不上於堂非摯幣也○贄本亦作摯音至【疏】君車至於堂○正義曰此以下揔明乘車顧式僕御謹敬之事各依文解之○君車將駕者○爲君僕御之禮君車君所乘之車也將駕謂始欲駕行時者也○則僕執策立於馬前者僕即御車者也古者僕用好人爲之故孔子曰吾執御矣又云子適衛冉有僕及周禮諸僕皆用大夫士也策馬杖也別有人牽馬駕車而此僕既知車事故監駕也又恐馬奔走故自執馬杖立當馬前也執策是監駕立馬前恐馬行也○已駕僕展軨者已駕駕竟展視也舊解云軨車欄也駕竟僕則從車軨左右四面看視之上至於欄也盧氏云軨轄頭輨也皇

氏謂軨是轄頭盧言是也一則車行由轄二則欄之岑字不作車邊爲之鄭云展軨具視謂徧視之○效駕者効白也僕監視駕竟而入白君道駕畢故鄭云白已駕也○奮衣由右上者奮振也由從也從右邊上升也僕入白駕竟先出就車於車後自振其衣去塵從右邊升上必從右者君位在左故辟君空位○取貳綏者二副也綏登車索綏有二一是正綏擬君之升一是副綏擬僕右之升故僕振衣畢取副二綏而升也詩云淑旂綏章箋云綏所引登車也○跪乘者謂僕先試車時君既未出未敢依常而立所以跪而乘之爲敬也然此是暫試空左不嫌也○執策分轡者策馬杖也轡御馬索也車有一轅而四馬駕之中央兩馬夾轅者名服馬兩邊名騑馬亦曰驂馬故詩云兩服上驤兩驂鴈行鄭云兩服中央夾轅者也鴈行者言與中服相次序是也然每一馬有兩轡四馬八轡以驂馬内轡繫於軾前其驂馬外轡并夾轅兩服馬各二轡六轡在手分置兩手是各得三轡故詩云六轡在手是也今言執策分轡謂一手執杖又六轡以三置空手中以三置杖手中故云執策分轡也○驅之者分轡既竟而試驅行之也○五步而立者僕向跪而驅令馬行之得五步止而僕倚立待君出也何胤云跪以見敬則立調試之也○君出就車者謂君始出上車時也○則僕并轡授綏者君初來

欲上而僕并六轡及策置一手中所餘一空手取正綏授與
君令登車也當右手并轡左手授綏轉身向後引君上也○
左右攘辟者左右謂侍駕陪位諸臣也攘郤也辟遠也君已
上車車欲進行故左右侍者悉遷郤以辟車使不妨車行也
○車驅而騶者左右已辟故驅車而進則左右從者疾趨從
車行也○至於大門者君至外門謂車行至外門時也○君
撫僕之手者撫按止也僕手執轡車行由僕君欲令駐車故
君抑止僕手也○而顧命車右就車者顧回頭也鄭箋詩云
迴首曰顧也車右勇力之士也就車謂君命勇力士令上車
也車行則有三人君在左僕人中央勇士在右也初在門內
未顧勇士勇士故從趍在車後今車行既至大門方出履險
阻恐有非常故迴頭命車右上車也○門閭溝渠必步者是
車右勇士之禮也門閭謂凡所過門閭處也溝廣深四尺者
渠亦溝也步謂下車也勇士雖即上車車若至門閭溝渠而
勇士必下車所以然者一則君子不誣十室過門閭必式君
式則臣當下也二則溝渠是險阻恐有傾覆故勇士亦須下
扶持之也而僕不下者車行由僕僕下則車無御故不下也
凡僕人之禮必授人綏者凡僕人謂爲一切僕非但爲君僕
時也車上既僕爲主故爲人僕必授綏與所升之人也○若
僕者降等則受者謂士與大夫大夫與卿御也若御者卑降

則主人不須謙故受取綏也不然則否者不然謂僕者敵體雖御其主人宜謙不受其綏也○若僕者降等則撫僕之手者僕者雖卑而受其綏不謙猶當撫止僕手若不聽自授然後乃受也○不然則自下而拘之者不然不降等者既敵不受而僕者必授則主人當卻手從僕手下自拘取之○注撫小至不受○正義曰由從也此時主人初欲上而僕在車上轉身向主人以授綏主人不就僕手外取之而以手從僕手下進拘取僕手裏上邊示不用僕授也僕與己同爵則不受謂不降等者○客車不入大門者案公食大夫禮云賓之乘車在大門外西方注云賓車不入門廣敬也與此同覲禮云偏駕不入王門謂同姓金路異姓象路之等舍之於賓館謂不得入王門又云墨車龍旂以朝墨車得入大門但不得入廟門耳○婦人不立乘者立倚也婦人質弱不倚乘異男子也男子倚乘婦人坐乘所以異也○犬馬不上於堂者賓主相見之禮也犬馬將爲禮而賤不牽上堂也犬則執紲馬則執勒以呈之耳非贄幣故也贄謂羔鴈錦玉之屬乃上堂也犬馬用充庭實而已非物聘之贄幣故不上堂也

故君子式黃髮敬老也發句言故明此眾篇雜辭也

下卿位尊賢也卿位卿之朝位也君出過之而上車入未至而下車○朝直遙反下同

入

國不馳愛人也馳善藺人也○藺力刃反○入里必式不誣十室君命召雖賤人大夫士必自御之御當爲訝訝迎也君雖使賤人來必自出迎之尊君命也春秋傳曰跛者御跛者眇者御眇者皆訝也世人亂之○御依注音訝五嫁反跛波我反眇名小反介者不拜爲其拜而蓌拜蓌則失容節蓌猶詐也○爲其于僞反下注爲蓌爲掩同蓌子臥反又側嫁反挫也沈租稼反又子猥反盧本作蹲祥車曠左空神位也祥車葬之乘車乘君之乘車不敢曠左左必式君存惡空其位○惡烏路反○僕御婦人則進左手後右手遠嫌○遠于萬反○御國君則進右手後左手而俯敬也國君不乘奇車出入必正也奇車獵衣之屬○奇車居宜反奇邪不正之車何云不如法之車車上不廣欬爲若自矜廣猶弘也○欬開代反不妄指爲惑衆○立視五巂立平視也巂猶規也謂輪轉之度巂或爲

槷○巂本又作巂惠圭反車輪轉一周爲巂一周丈九尺八寸也槷本又作蘗如揰反徐而媿反 式視馬尾小俛顧不過轂爲掩在後國中以策彗卹勿驅塵不出軌入國不馳彗竹帚卹勿搔摩也○彗音遂徐雖醉反又因歲反卹蘇役反注同勿音沒注同驅如字又羌遇反搔素刀反摩莫何反國君下齊牛式宗廟大夫士下公門式路馬乘路馬必朝服載鞭策不敢授綏左必式步路馬必中道以足蹙路馬芻有誅齒路馬有誅皆廣敬也路馬君之馬載鞭策不敢執也齒欲年也誅罰也○齊側皆反鞭必綿反蹙本又作蹴徐采六反又子六反芻初俱反○〔疏〕故君至有誅○正義曰此以下明雜敬禮也君子謂人君也黃髮太老人也人初老則髮白太老則髮黃黃彌老宜敬之故人君見而式敬也人君尚爾則大夫士可知也若與君同行君式則臣下若異行則式而已詩云黃髮兒齒皆謂老人也○注發句言故明此衆篇雜辭也○正義曰謂

他篇上舊禮雜辭連上至下所以有故今作曲禮記者引此他篇雜辭而來爲此篇發首有故也○下卿位者卿位路門之內門東北面位故論語鄉黨云入公門又云過位色勃如也注過位謂入門右北面君揖之位故燕禮大射卿大夫門右北面公降阼階南嚮爾卿是也今謂尋常出入故出則過卿位而上車入則未到卿位而下車若迎賓客則案樂師注云登車於大寢西階之前反降於阼階之前或可下卿位則是諸侯禮樂師據天子禮○入國不馳者國中人多若馳車則害人故不馳注云愛人也馳善藺人也善猶好也藺雷刺也若車馳則好行刺人也何胤云藺躐也○入里必式者二十五家爲里里巷首有門十室不誣故入里則必式而禮之爲敬也里必式則門閭亦式故門閭必步不誣十室也論語云十室之邑必有忠信如丘者焉是不誣十室也○君命召者謂有君命呼召臣也○雖賤人者君之使者假令是賤人爲之來○大夫士必自御之者御迎也使者雖賤而君命可尊故雖大夫士貴亦自出迎之也○注御當至亂之○正義曰鄭引春秋證御者迓也成二年季孫行父臧孫許會晉郤克衞孫良夫曹公子首及齊侯戰于鞌公羊傳云前此者晉郤克與臧孫許同時而聘於齊蕭同姪子者齊君之母也窺客或跛或眇於是使跛者迓跛者眇者迓眇者二大夫歸相與

率師爲肇之戰穀梁傳云曹公子手僂同時聘齊齊頃公使
跛者御跛者眇者御眇者禿者御禿者僂者御僂者齊頃公
母蕭同姪子處臺上而笑之也鄭言彼既以爲訝此御故宜
是訝而卌八亂之讀云御耳○介者不拜者介甲鎧也著鎧
者不爲式敬故宜無所拜之也爲其拜而蓌拜者解所以不
拜蓌挫也戎容暨暨著甲而屈拜則坐損其戎威之容也一
云蓌詐也言著鎧而拜形儀不足似詐也虛作矯蓌則失容
節是蓌猶詐也○祥車曠左者此以下又明僕御之禮祥猶吉
也吉車爲平生時所乘也死葬時因爲魂車鬼神尚吉故葬
魂乘吉車也曠空也車上貴左故僕在右空左以擬神也○
注空神至乘車○知葬之乘車者以其大小二祥生人所乘
之車無空左之法言空左唯據葬時竟車故知也○乘君之
乘車不敢曠左者乘車謂君之次路也王者五路玉象木金
革各一路王自乘一所餘四路皆從行臣若乘此車不敢空
左故典路云凡會同軍旅弔于四方以路從鄭云王出於事
無常王乘一路典路以其餘路從行亦以華國又戎右職云
會同充革車鄭云會同王雖乘金路猶以革路行充之者謂
居左也曲禮曰乘君之乘車不敢曠左若曠左則似祥車近
於凶時故乘者自居左也○左必式者雖處左而不敢自安
故恒馮式云乘車則君皆在左若兵戎革路則君在中央御

者居左故成二年韓厥代御居中杜云自非元帥御者皆在中將在左以此而言則元帥及君宜在中也又詩云左旋右抽鄭箋云左左人謂御者右車右也中軍謂將也兵車之法將居鼓下故御者在左君存惡空其位也太僕云王出入則自左馭而前驅注云前驅如今道引也道而居左自馭不參乘辟王也亦有車右焉○僕御婦人則進左手者僕在中央婦人在左僕御之時進左手持轡所以爾者形微相背也○後右手者若進右手則近相嚮相嚮則生嫌故後右手遠嫌也○御國君則進右手後左手者禮以相嚮爲敬故進右手非男女無所嫌也而俯者既御不得恒式故但俯俛而爲敬也并兩御也○國君不乘奇車者國君出入宜正不可乘奇邪不正之車盧氏云不如御者之車也○注出入至之屬○正義曰隱義曰獵車之形今之鉤車是也衣車如鼈而長也漢桓帝之時禁臣下乘之○車上不廣欬者廣弘大也欬聲欬也車已高若在上而聲大欬似自驕矜又驚衆也○不妄指者妄虛也在車上高若無事忽虛以手指麾於四方並爲惑衆也○立視五巂車上依禮巂規也車輪一周爲一規乘車之輪高六尺六寸徑一圍三三六十八得一丈八尺又六寸爲一尺八寸揔一規爲一丈九尺八寸五規爲九十九尺六尺爲步揔爲十六步半在車上所視則前十六步半地○注巂猶規

也○正義曰知簫爲規者以舊規聲相近故爲規規是圓故
讀從規言或爲縈他本禮記有作縈字者○式視馬尾者馬
引車其尾近在車欄前故車上馮式下頭時不得遠矚而令
瞻視馬尾○顧不過轂者車轂也若轉頭不得過轂過轂則
掩後人私也論語云車中不内顧是也○國中以策彗卹勿
驅者前云入國不馳此爲不馳故爲遲行法也策馬杖彗竹
帚也○注卹勿搔摩也入國不馳故不用鞭策但取竹帚帶
葉者爲杖形如掃帚故云策彗云卹勿者以策微近馬體不
欲令疾也但僕搔摩之時其形狀卹勿然○塵不出軌者軌
車轍也車行遲故塵埃不起不飛揚出轍外也○國君下齊
牛式宗廟者案齊右職云凡有牲事則前馬注云王見牲則
拱而式又引曲禮曰國君下宗朝式齊牛鄭注周官與此文
異者熊氏云此文誤當以周禮注爲正宜云下宗朝式齊牛
○大夫士下公門式路馬者公門謂君之門也路馬君之馬
也敬君至門下車重君物故見君馬而式之也馬比門輕故
有下式之異○乘路馬必朝服者謂臣行儀習禮獨行時也
路馬君之車馬臣雖得乘之猶不可慢故必朝服而自御不乘
之也○載鞭策者又不敢執杖杖馬故但載杖以行也○不
敢授綏者君在則僕人授綏今習儀者身既居左自馭而乘
雖有車右而不敢授綏與已也○左必式者既不空左故亦

居左式而敬之此言不敢授綏與前不敢曠左文互也○步路馬必中道者此謂單牽君馬行時步獨行也若牽行君之馬必在中道正路爲敬也○以足蹙路馬芻有誅○芻食馬草也誅罰也此草擬爲供馬所食若以足蹴蹹之者則有責罰也○齒路馬有誅者齒年也若論量君馬歲數亦爲不敬亦被責罰皆廣敬也

附釋音禮記注疏卷第三

清嘉慶二十年重刊用文選樓藏本校

江西南昌府學栞

禮記注疏卷三挍勘記

阮元撰盧宣旬摘錄

曲禮上

凡爲君使者節

君有言則以束帛如饗禮　閩監毛本同岳本嘉靖本同衞氏集說同惠棟挍宋本饗作享案享饗古通用宋監本亦作享浦堂挍云若誤君齊召南云君有言當作若有言玩疏則知注引聘禮原文不誤而刊本傳寫以若與君字形相近而訛也案浦挍齊挍皆是也考文引宋板君正作若

此謂國君問事於其臣　閩毛本同岳本嘉靖本同衞氏集說同監本問誤間

凡爲至受命　惠棟挍宋本無此五字

博聞强識而讓節

君子至交也　惠棟挍宋本無此五字

禮曰節 ○

禮曰至不弔 惠棟按宋本無此五字

作記之者旣引其禮 閩本同監毛本者作人衛氏集說無之字作作記者是也

皇偘用崔靈恩義 各本同案偘即侃字五經文字云侃相承作偘訛據此可證正義序皇甫偘衍一甫字

及七祀之屬 閩本同惠棟按宋本同監毛本祀誤祖

及大夫有菜地 惠棟按宋本同閩監毛本菜作采案菜地以采取爲義字當從菜匡謬正俗云古之經史采菜相通今之學者見謂之采地字上或加艸

君致齊不復出行 閩監毛本同惠棟按宋本君作若

居喪之禮節

所以養衰老人五十始衰也閩監毛本同岳本嘉靖本同惠棟按宋本養下無衰字人字重衛氏集說亦無人字不重

居喪至於内惠棟按宋本無此五字

生與來日節

生與至往日惠棟按宋本無此五字

死與往日者閩監毛本同惠棟按宋本與作數是也

知生者弔節

知生至不弔惠棟按宋本無此五字

二則既言皇天降災子遭罹之閩毛本同監本罹誤懼

弔喪弗能賻節

皆爲傷恩也 閩監毛本同岳本嘉靖本同衞氏集說爲作謂考文引宋板古本作謂釋文出皆爲

適墓不登壟節 惠棟挍宋本適墓不登壟一句經注合上知生節弔喪節爲一節助葬必執紼以下另爲一節

引車索 閩監毛本同岳本嘉靖本同釋文出引棺云本亦作引車正義本作引車考文引古本車索下有也字衞氏集說亦作引車索也

助葬至君側 惠棟挍宋本無此五字

介冑則有不可犯之色者 閩監毛本同惠棟挍宋本無者字

不服燕飲 閩監本同毛本服作暇衞氏集說同

不與賢者犯法其犯法則在入議輕重不在刑書 閩監毛本同考文引宋板無此十九字

鄭司農云若今之 周禮注之作時

謂憔悴憂國也 閩監本同毛本憔悴作顦顇○按周禮注作憔悴

大夫以上適甸師氏 閩監本同毛本上誤下考文引宋本作上

注春秋傳曰近刑人則輕死之道 閩監毛本同惠棟按宋本作注春秋至之道

閽弑吳子餘祭 毛本弑作殺按作弑與襄二十九年經合

刑人也君子不近刑人 毛本如此此本刑人也下誤隔一○閩監本同

兵車不式節

兵車至結旌 惠棟按宋本無此五字

綏謂舒垂散之也 閩本同惠棟按宋本同監毛本舒垂二字倒

史載筆節

前有摯獸 各本同石經摯初刻作鷙改刻從手釋文出有摯案儒行正義云獸摯從執下著手鳥鷙從執下著鳥此摯獸正義本當亦從執下手

所舉各以其類象 各本同通典七十六象下有之字

鳶鳴則將風 各本同通典七十六作鳶鳴則天將風風生埃起

史載至其局 惠棟挍宋本無此五字

難可周徧 閩監毛本作偏此本徧誤偏今正

猛而能擊 閩監毛本作擊衛氏集說同此本擊誤摯今正

左東右西 閩監毛本同惠棟挍宋本西下有也字

朱鳥元武 惠棟挍宋本同閩監毛本鳥作雀衛氏集說同下故用鳥同

以標左右前後之軍陳閩監毛本同惠棟按宋本左右前後作前後左右衛氏集說同

故星約言云又晝也閩監本同毛本星作皇

第三機閩監本同毛本機作璣衛氏集說亦作機

明魁以上爲首閩監本同惠棟按宋本同毛本上誤此

始前旣敵閩監毛本同惠棟按宋本旣作就是也衛氏集說同

軍之在左右各有部分閩監毛本作部此本部誤步今正

父之讎節

父之至同國惠棟按宋本無此五字

寢苫枕干不仕閩監毛本同衛氏集說同是也惠棟按宋本干作土誤

伐楚使吳首兵惠棟按宋本如此此本楚下誤隔○閩監毛本同

同公羊之義也　惠棟按宋本此下標禮記正義卷第四終又記云凡二十四頁

四郊多壘節　惠棟按宋本自此節起至去國三世爵祿無列於朝節止爲卷五首題禮記正義卷第五

壘軍壁也　閩監毛本同岳本嘉靖本同釋文出軍辟云本又作壁正義本作壁

四郊至辱也　惠棟按宋本無此五字

此亦士之辱也者　閩監毛本如此此本也者二字誤倒

獨爲大夫之辱不云士辱者但大夫官尊入則與君同謀出則身爲將帥故多壘爲大夫之辱　惠棟按宋本如此此本不云至之辱三十字脫閩監毛本同

臨祭不惰節

禘祭至其祖　惠棟挍宋本無此五字

或人歸之　閩監毛本同惠棟挍宋本人上有使字

卒哭乃諱節

大夫有名惡　各本同通典一百四作大夫有石惡按疏引熊氏云石字誤當云大夫有名惡據此是注本作石惡

二名不偏諱　各本同毛居正云偏本作徧與遍同作偏誤正義云不偏諱者謂兩字不一一諱之也此義謂二字爲名同用則諱之若兩字各隨處用之不於彼於此一一皆諱之所謂不徧諱也按舊杭本柳文載柳宗元新除監察御史以祖名察躬人狀奏奉勑新除監察御史以祖名察躬準禮二名不遍諱不合辭遜據此作遍字是舊禮作徧字明矣今本作偏非也若謂二字不獨諱一字亦通但與鄭康成所注文意不合可見傳寫之誤然仍習既久不敢改也

偏謂二名　各本同通典一百四作偏諱二名

言在不稱徵言徵不稱在閩監毛本同岳本同嘉靖本同考文引古本上稱字作言案二稱字俱當作言方與疏合通典一百四引言徵不言在句

孝子聞名心瞿各本同嘉靖本瞿作懼通典一百四引亦作懼釋文出心瞿云本又作懼

不辟家諱尊無二惠棟校宋本同宋監本同岳本嘉靖本同閩監毛本二下有也字通典一百四引無也字

卒哭至問諱惠棟校宋本無此五字

改爲熊居惠棟校宋本同閩監毛本居誤君○按惠棟云熊居謂熊姓居名

從左氏義也逮事王父母者閩監本同毛本逮上有墨丁惠棟校宋本無者字此本王誤至今正

正得避公家之諱閩本同監毛本正作止衞氏集說同

尊君諱也君諱也毛本同閩監本君諱也三字不重

或可大夫所有公諱者惠棟挍宋本作可閩本同此本可誤何監毛本誤云

言辟之之陳鐙問云閩監毛本下之字作○

問諱而以門爲限者惠棟挍宋本作限此本限誤郎閩監毛本誤節今正

外事以剛日節惠棟云外事節龜爲卜節宋本合爲一節

外事至相襲惠棟挍宋本無此五字

陸機草木疏云閩監本同毛本機作璣孫志祖云經典釋文敘錄云陸璣草木鳥獸蟲魚疏二卷璣字元恪吳郡人吳太子中庶子烏程令此與士衡名之從木旁者不同梁元帝作同姓名錄兼收名之音義通用者有兩陸機一吳人字士衡一名璣字元恪注本艸者最分明而元恪又嘗注本艸則僅見於此也李濟翁謂元恪名當從玉旁本不誤宋槧爾雅疏引草木疏作陸機或疑傳寫偶譌近錢大昕據以定元恪之名

亦從木旁謂邢叔明諸人識字勝於李濟翁此二字殆古人通借用之

七百年十莖也　閩監毛本同惠棟挍宋本年下有生字是

鄭注占人不卜而徒筮者　惠棟挍宋本作占此本占誤古閩監毛本同案不卜而徒筮者則用九筮是占人注

假爾泰筮有常假因也　閩監毛本同惠棟挍宋本常下有者字此本因字亦漶滅不全

知士命龜二者士喪禮涖卜　閩監毛本如此此本二者士三字誤作者二七今正

是士命龜三也　閩本同監本三字僅留下畫毛本遂作一非也

何休云魯郊搏卜三正　惠棟挍宋本搏作博閩監毛本博作轉案公羊傳注云魯郊博卜春三月作博爲是

周五月得一吉　閩監毛本同考文引宋板一作二與公羊注合

龜爲卜節

定猶與也石經同岳本嘉靖本同釋文出猶與云本亦作豫案正義本當亦作豫觀正義引說文云豫亦是獸名象屬可證後人以釋文本與改正義本豫并改正義中引說文之豫亦作與○按與爲豫之假借字

龜爲至踐之○正義曰閩監毛本同惠棟挍宋本無正義曰三字

是敬鬼神也閩監毛本同惠棟挍宋本無也字

君車將駕節惠棟云君車將駕節故君子節宋本合爲一節

謂羣臣倍位侍駕者閩監本同岳本嘉靖本同毛本位誤臣

非摯幣也閩監毛本同岳本嘉靖本同釋文出非贄云本亦作摯正義本作贄衞氏集說同

謂爲君僕御之禮閩監毛本如此此本脫謂字

謂始欲駕行時也閩監毛本如此此本時下衍者字

必從右者君位在左閩本同惠棟挍宋本同監毛本從誤欲此本在誤也

取二綏者二副也閩監本同毛本二作貳下取副二綏同

言與中服相次序是也閩監毛本同惠棟挍宋本無是字

車驅而騶者閩監毛本同惠棟挍宋本騶作驟○按依說文當作驟經文作騶假借字

不然則自下而拘之者閩監毛本同惠棟挍宋本無而字是也

非贄幣故也閩本同惠棟挍宋本同監毛本贄誤執

故君子式黃髮節

馳善蘭人也惠棟挍宋本同宋監本同岳本嘉靖本同閩監毛本蘭作躝疏同衛氏集說作躪案釋文本亦作蘭○按依說文當作蹸从足粦聲蘭假借字

御當爲訝訝迎也惠棟挍宋本同宋監本岳本嘉靖本同閩監毛本訝訝作迓迓非釋文出自御

之云依注音訝五嫁反迎也是釋文本亦作訝也下皆訝也同○按依說文當作訝

爲其拜而蓌拜　石經同岳本嘉靖本同釋文出蓌拜云盧本爲其拜如蹲蓋引此文與盧本同而如古通蹲下無拜然正義本自作而蓌拜

巂猶規也　閩監毛本同岳本嘉靖本同宋監本猶改謂

塵不出軌　石經同岳本同閩監毛本同惠棟按宋本軌作軓嘉靖本同

正義曰此以下字　閩監毛本同惠棟按宋本無正義曰三

注發句言故　閩監毛本作句此本句誤向今正

發首有故也　閩監毛本作有此本有誤育今正

公降阼階南鄉爾卿　閩監毛本作爾此本爾誤以今正

若馳車則害人　閩監毛本作若此本若誤君今正

死葬時因爲魂車 惠棟挍宋本同閩監毛本因作用

空神至乘車 惠棟挍宋本至字作位也祥車葬之六字

乘君之乘車不敢曠左者 閩監毛本同惠棟挍宋本無不敢曠左者五字

僕御婦人則進左手者 閩監毛本同惠棟挍宋本作僕御婦人則進左手正義曰

則前十六步半地 惠棟挍宋本同閩監毛本地誤也

言或爲槷 閩監毛本作槷此本槷誤禦

不飛楊出轍外也 閩本同監毛本楊作揚

則有責罰也 閩監毛本同惠棟挍宋本有作被

禮記注疏卷三挍勘記

傳古樓景印